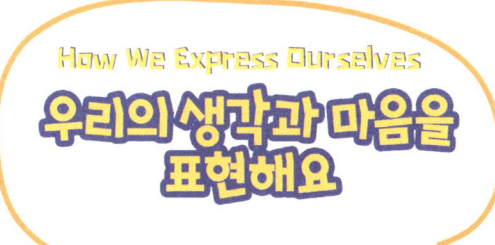

How We Express Ourselves

우리의 생각과 마음을
표현해요

처음 시작하는 IB 수업 3

How We Express Ourselves

우리의 생각과 마음을 표현해요

언어, 예술, 창의성으로 나와 세상을 표현하는 방법

김선 지음

학급 규칙
시간약속을
잘지키자

- 우리반 시간표 -

	월	화	수	목	금
1	창체	도덕	사회	수학	국어
2	영어	음악	음악	수학	국어
3	국어	체육	영어	과학	체육
4	국어	과학	수학	국어	사회
5	수학	미술		국어	
6				창체	

VICTORY

혜화동

Table of contents 차례

표현으로 연결되는 우리

"내 마음은 어떤 색일까?"

"나는 무엇으로 나를 표현할 수 있을까?"

이 책은 말, 글, 그림, 음악, 연극 등 다양한 방법으로 자기 생각과 감정을 표현하는 창의적 탐구서입니다.

IB PYP의 '우리의 생각과 마음을 표현해요' 주제를 바탕으로, 학생들이 표현의 형태와 기능, 관점을 이해하고 자신만의 방식으로 세상과 소통할 수 있도록 설계되었습니다.

국어, 미술, 음악, 도덕, 사회 등 다양한 교과와 연계하여 표현력과 공감 능력, 문화적 감수성을 키울 수 있도록 돕습니다.

1장

나는 어떤 말로 나를 표현할까요?

말하기·시·편지

중심 개념

의사소통
(Communication)

관련 개념

정체성(Identity)
감정(Emotion)
청중(Audience)

사고 개념

형태(Form)
관점(Perspective)
기능(Function)

연계 교과

- 국어: 내 생각 말하기·감정 글쓰기·편지 쓰기
- 도덕: 나를 이해하기·존중하며 말하기·감정 조절하기
- 즐거운 생활: 놀이와 움직임으로 감정 표현·친구와 어울리기
- 음악·미술: 노래·소리·그림으로 생각과 느낌 표현하기

탐구 질문

❖ 나는 내 생각과 감정을 어떻게 표현할 수 있을까요?

교과서 속

연결 이야기

국어, 도덕, 음악과 미술 그리고 즐거운 생활 시간에도 감정 표현과 소통에 대해 배운 적이 있을 거예요.

국어 교과서에서는 '내 생각 말하기', '감정을 표현하는 글쓰기', '친구에게 편지 쓰기' 같은 활동을 통해 말이나 글로 솔직하게 내 마음을 전하는 방법을 익히게 되죠. 여기에 더해 친구의 말을 경청하고 요약하며 대화하는 훈련을 통해 서로의 마음을 더 깊이 이해하는 힘도 기르게 돼요.

도덕 수업에서는 '나를 이해하고 존중하기', '다른 사람 배려하기'를 배우며, 나의 감정을 알아차리고 그것을 상대방에게 상처 주지 않게 전달하는 연습도 하게 돼요. 여기에 더해 공동체 속에서 규칙을 지키고 책임 있게 행동하는 태도를 배우며 감정과 행동을 연결하는 지혜를 얻을 수 있어요.

또한, 즐거운 생활 시간에는 놀이와 움직임을 통해 몸으로 감정을 표현하며, 친구와 함께 소통하는 방법을 배워요. 여기에 더해 협동 놀이를 통해 서로의 기분을 존중하며 즐겁게 어울리는 습관을 기를 수 있어요.

음악과 미술 수업에서는 노래, 소리, 그림을 통해 내 생각과 느낌을 다양한 방식으로 드러낼 수도 있답니다. 여기에 더해 색과 소리의 변화를 이용해 감정의 뉘앙스를 다양하게 표현하는 방법을 배우면서 창의적인 감정 표현 능력도 키울 수 있어요.

국어, 도덕, 음악, 미술, 즐거운 생활에서 얻은 활동들은 서로 연결되어 자신을 이해하고 감정을 올바르게 표현하는 능력을 키워줘요. 이 활동들은 다른 사람의 마음을 존중하고 따뜻하게 소통하는 태도로 이어진답니다.

말, 나를 표현하다

민지는 발표 시간만 되면 속이 간질간질해요.

"앞에 나가서 말하는 게 아직도 너무 떨려…."

하지만 국어 시간에 읽은 책 속 주인공은 달랐어요.

"말하는 것은 내 안의 나를 밖으로 꺼내는 거야."

이 문장을 읽은 순간, 민지는 무언가 뭉클해졌어요.

표현이란 무엇일까요?

  '표현'이란 자신의 생각이나 감정을 말, 글, 표정, 몸짓으로 나타내는 거예요.

  표현은 단지 말을 잘하는 것이 아니라, "나는 이런 사람이에요" 라고 세상에 나를 소개하는 방식이에요.

말과 글, 나를 보여 주는 도구

말로 표현할 때는 말투와 표정이 중요해요.

글로 표현할 땐 문장 하나하나가 내 생각을 대신해 주지요.

> **예**
>
> - 나는 친구가 자주 바뀌는 것이 힘들어요.
> - 나는 혼자 있을 때 책 읽는 것이 제일 좋아요.
> - 내 꿈은 모두를 웃게 하는 작가예요.

이렇게 마음 속 이야기를 말하거나 글로 쓰면, 나도 내가 어떤 사람인지 더 잘 알 수 있고, 다른 사람도 나를 이해할 수 있게 돼요.

표현에도 연습이 필요해요

민지는 며칠 후에 학교에서 있을 발표를 앞두고 거울을 보며 연습했어요.

"그냥 보고 읽으려고 하지 말고, 내가 정말 말하고 싶은 것처럼 해 보자."

첫 발표는 여전히 떨렸지만, 연습했던 대로 내가 하고 싶은 말을 솔직하게 잘 표현했어요. 발표가 끝나고 친구가 다가와 내게 말했어요.

"민지야, 네 발표가 정말 네 이야기처럼 느껴져서 집중해서 들었
어."

내 마음에서 나온 말은 듣는 사람의 마음에도 닿아요.

그래서 말은 단순한 소리가 아니라, 용기를 주는 힘이랍니다.
누군가의 따뜻한 한마디는 두려움을 이겨내고 앞으로 나아가게
하는 불씨가 될 수 있어요.

말이 먼저일까요?
글이 먼저일까요?

"말과 글, 어떤 것이 먼저 생겼을까요?"

이 질문에 대한 정답은 '말'이에요. 사람들이 말을 하게 된 것은 수십만 년 전의 일이고, 글자는 불과 5,000~6,000년 전에야 만들어졌어요. 그러니까 말이 훨씬 먼저 생긴 거예요.

말(구어)의 시작: 사람들은 언제부터 말했을까요?

사람들이 처음부터 말을 할 수 있었던 것은 아니에요. 아주 오래전, 사람들은 몸짓, 표정, 이상한 소리 같은 것으로 서로 의사소통을 했어요. 이런 방식은 지금 원숭이나 침팬지처럼 동물들이 쓰는 소통 방식과 비슷했어요.

하지만 인류는 점점 목 구조가 발달하고, 뇌도 더 복잡해지면서 다양한 소리를 낼 수 있게 되었어요. 그러자 사람들은 소리를 조합해서 의미 있는 말(단어와 문장)을 만들게 되었고, 이것이 바로 '말'의 시작이 되었어요.

과학자들은 이런 현대적인 언어가 약 10만 년 전~5만 년 전 사이에 생겨났다고 보고 있어요.

언어는 사람들의 생활에 큰 변화를 주었어요. 소통이 자유로워지니 사람들끼리 협력하기도 편했고, 사냥을 하거나, 도구를 만드는 일에도 큰 도움을 주었죠. 또, 말은 신화, 역사, 지혜, 감정을 다음 세대로 전해 주는 역할도 했어요. 이처럼 말은 기억하고 전달하는 중요한 도구였죠.

글(문자)의 등장: 왜, 그리고 언제 생겼을까요?

말은 소리로 표현되기 때문에 기록으로 남기기는 어려워요. 그래서 사람들은 말한 내용을 기억하거나 외워서 전해 주는 방법을 사용했어요.

그런데 사람들이 농사를 짓고 도시를 만들고, 점점 복잡한 사회를 이루게 되면서, 말로만 전달하는 데는 한계가 생겼어요. 그래서 사람들은 말을 눈으로 보이는 기호나 문자로 적어 두는 방법, 즉 글자를 만들게 되었어요.

가장 오래된 글자는 약 5,000~6,000년 전에 나타났어요. 처음에는 그림이나 기호처럼 단순한 형태였고, 나중에는 메소포타미아의 쐐기문자, 이집트의 상형문자, 중국의 갑골문자처럼 점점 복잡하고 다양한 글자로 발전했어요.

글자는 정보를 정확하게 기록하고 오랫동안 보존하는 데 아주 큰 역할을 했어요. 그래서 역사 기록, 법, 종교, 행정 등 중요한 일에 글자가 꼭 필요하게 되었죠.

말과 글, 서로 어떻게 다르고, 어떤 관계일까요?

구분	말(구어)	글(문자)
생김 시기	약 10만~5만 년 전	약 5,000~6,000년 전
특징	소리로 표현, 감정과 뉘앙스에 강함	눈으로 보는 표현, 정확한 정보 전달
장점	사람들과 관계 형성, 즉흥적 소통 가능	오랫동안 보존, 멀리 있는 사람에게 전달 가능
단점	시간이 지나면 사라짐, 기록 어려움	배우기 어려움, 문법과 규칙 필요
예시	이야기, 노래, 대화, 전설	책, 신문, 법률 문서, 편지

말은 자연스럽고 감정을 잘 표현할 수 있어요.

글은 정확하고 오래 남을 수 있어서 중요한 정보를 전달할 때 좋아요.

이처럼 두 가지는 서로 다른 역할을 하지만, 함께 쓰면 가장 효과적인 소통이 가능해요. 요즘에는 스마트폰이나 인터넷에서 말과 글이 함께 사용되며 더 풍부한 표현이 가능해졌어요.

소통이라는 말, 어디서 왔을까요?

'소통'을 영어로 하면 communication(커뮤니케이션)이에요. 이 단어는 라틴어 'communicare(코무니카레)'에서 왔는데, 이 말의 뜻은 바로 '나누다, 함께하다'예요. 즉, communication은 '생각이나 정보를 함께 나누는 것'을 뜻해요.

말로, 글로, 몸짓 등 다양한 방식으로 마음을 주고받는 것이 바로 소통이에요.

언어와 소통의 의미

사람은 혼자 살 수 없어요. 누구나 자기 생각이나 마음을 다른 사람에게 표현하고 싶어 해요. 그래서 언어(말과 글)는 사람에게 꼭 필요한 도구예요.

말은 감정을 표현하기에 좋고, 글은 생각을 정확하게 전달하고 오래 기억하게 해 줘요. 게다가 요즘에는 영상, 채팅 등과 같은 디지털 미디어처럼 말과 글이 함께 사용되는 새로운 방식의 소통도 많이 생겼어요.

오늘 날씨가 참 좋다!
네 기분은 어때?

날씨가 좋으니 오늘 기분도
너무 좋아.

확장 활동

우리는 어떻게 언어로 소통할까요?

1. 말없이 말해요! - '입 모양만 보고 맞히기 게임'

- 한 명이 앞에 나와서 단어나 문장을 입 모양으로만 말해요.

  (예 "사과", "친구야 고마워", "오늘 점심은 맛있었어!" 등)

- 나머지 친구들이 무슨 말을 했는지 맞혀요.

- 정답 발표 후, 왜 잘 안 들렸는지, 소리와 말의 역할은 무엇인지 이야기해요.

- 손짓, 표정, 몸짓만으로 짧은 문장을 표현해 보는 무언극 활동과 연결해도 좋아요.

2. 말로만 그리기! - '그림 전달 릴레이'

준비물

간단한 그림 카드(예 집, 나무, 강아지, 로봇 등)

1. 한 학생이 카드를 보고, 그 그림을 말로만 설명해요.(단, 단어를 직접 말하면 안 됨!)

2. 나머지 학생은 설명을 듣고 그림을 상상하여 종이에 그려요.

3. 실제 그림과 얼마나 비슷한지 비교해 보고, 정확한 표현이 얼마나 중요한지 이야기해 봐요.

3. 의미가 바뀌었어요! - 가족과 함께하는 '전달 전달 속담 바꾸기'

- 한 줄짜리 속담이나 문장을 가족 중 한 사람이 다른 가족 한 명에게만 몰래 속삭여요.(예 "가는 말이 고와야 오는 말이 곱다")

- 차례대로 한 명씩 속삭이며 전달해요.

- 마지막 사람이 들은 내용을 크게 말하고, 처음 말과 얼마나 달라졌는지 비교해요.

- 왜 바뀌었는지, 어떻게 하면 말과 소통이 더 정확할 수 있을지 함께 이야기해요.

4. 표현을 풍부하게! - '감정 목소리 바꾸기'

- 같은 문장을 다양한 감정으로 말해요.

  (예) "안녕!"을 기쁘게, 슬프게, 무섭게, 화나게 등)

- 짝을 이루어 서로 감정 표현을 맞혀요.

- 어떤 표현이 가장 잘 전달되었는지 친구들과 이야기해요.

5. 소통 도전! - '말로 길 안내하기'

- 미로가 그려진 종이를 한 명이 갖고 있고, 다른 친구는 그 미로
  를 보지 않고 길 안내만 듣고 손으로 따라 그려요.

- 역할을 바꾸어 서로 체험해 보고, 소통이 잘 된 부분과 어려웠
  던 부분을 이야기해요.

6. 미래에 보내는 편지 - '미래의 나에게 글로 말해요'

- '1년 뒤의 나'에게 편지를 써요.

- 지금 느끼는 감정, 바라는 점, 해 보고 싶은 일 등을 글로 담아
  표현해요.

- 편지는 봉투에 넣어 보관하거나 나중에 다시 꺼내 보도록 선생
  님이 맡아 주세요.

❖ 탐색 질문

- 말이 더 편했나요, 글이 더 좋았나요?

- 내가 하고 싶은 말을 더 잘 표현할 수 있었던 활동은 무엇이었
  나요?

- 우리가 서로 잘 소통하려면 어떤 점이 필요할까요?

❖ 응용 활동

한 문장씩 이어서 이야기를 만들어 보는 이야기 완성 릴레이를
해 보세요. 활동 후 '말' 버전과 '글' 버전으로 두 번 해 보고, 어
떤 방식이 더 효과적이었는지 비교해 봅니다.

(예) 첫 번째 친구가 "오늘 아침 나는 이상한 소리를 들었어요."라고
시작하면, 다음 친구는 그다음 내용을 말로 이어갑니다.)

2장

색깔로 말하는 감정

색채와 선

중심 개념

감정
(Emotion)

관련 개념

색채(Color)
표현(Expression)
상징(Symbol)

사고 개념

형태(Form)
관점(Perspective)

연계 교과

- 미술: 색과 선의 특징을 탐색해 감정 표현·눈에 보이지 않는 마음을 색과 형태로 나타내는 활동
- 국어: 작품 속 인물의 마음을 이해·경험이나 느낌을 글·말로 표현하며 감정과 표현의 관계 배우기

탐구 질문

❖ 색은 어떻게 우리의 감정을 표현할 수 있을까요?

❖ 나와 다른 사람이 같은 색을 다르게 느낀다면, 그 이유는 무엇일까요?

❖ 색과 선은 왜 강력한 소통 도구가 될 수 있을까요?

교과서 속

연결 이야기

미술과 국어 시간에서도 색과 감정을 연결하여 표현하는 활동을 배우게 돼요.

미술에서는 조형 요소의 특징을 탐색하고 이를 주제 표현에 활용해요. 또 자신이나 주변 환경에서 찾은 느낌과 생각을 그림으로 나타내지요. 감정에 따라 달라지는 색의 느낌, 선의 움직임이 주는 인상을 살펴보며, 눈에 보이지 않는 마음을 색과 형태로 표현하는 방법을 익혀요. 여기에 더해 색과 선이 가진 문화적 상징도 탐구하며 표현의 의미를 넓혀 가요.

국어에서는 인물의 마음을 이해하며 작품을 읽고, 경험이나 느낌을 글이나 말로 표현하는 활동을 해요. 감정이 담긴 그림책을 읽고 등장인물의 마음을 살펴보며, 글과 그림이 어떻게 감정을 표현하는지도 알아봐요. 또 자신의 감정을 글이나 말로 정리해 친구들과 나누면서 서로의 마음을 이해하는 연습도 해요.

따라서 '색깔로 말하는 감정' 활동은 색과 이미지로 자신의 감정을 표현하고, 친구의 그림을 통해 다른 사람의 감정을 이해하고 공감하는 경험으로 이어져요. 이 과정에서 감정은 말로만 표현되는 것이 아니라, 색과 선, 그림을 통해서도 충분히 소통될 수 있다는 사실을 직접 느낄 수 있어요.

마음의 색깔

미나는 오늘 기분이 이상했어요. 아침에는 하늘이 흐려서 그런
지 마음이 무겁고 계속 땅으로 가라앉는 느낌이었어요.

하지만 쉬는 시간에 친구가 같이 그림을 그리자고 웃으며 다가
와 줘서 갑자기 기분이 가벼워졌어요.

미술 시간, 선생님이 말씀하셨어요.

"여러분, 오늘은 색으로 기분을 표현해 볼 거예요!"

미나는 파란색을 꺼냈어요. 오늘 아침의 기분처럼 조용하고 무거운 느낌. 그 옆엔 주황색을 칠했어요. 쉬는시간에 느꼈던 따뜻하고 기분 좋은 순간을 기억하며.

"색깔에도 마음이 있어요."

선생님의 말씀에 아이들은 각자 색으로 감정을 그리기 시작했어요. 누군가는 강한 빨간색으로 화난 마음을, 누군가는 초록색으로 편안함을, 누군가는 회색으로 외로운 마음을 담았어요.

미술 속 감정 표현

색에는 감정이 담겨 있어서 마음을 전하는 멋진 언어가 될 수 있답니다.

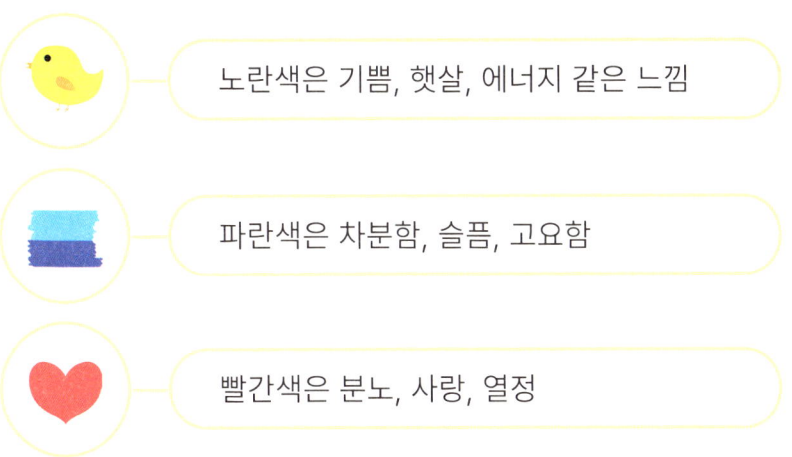

노란색은 기쁨, 햇살, 에너지 같은 느낌

파란색은 차분함, 슬픔, 고요함

빨간색은 분노, 사랑, 열정

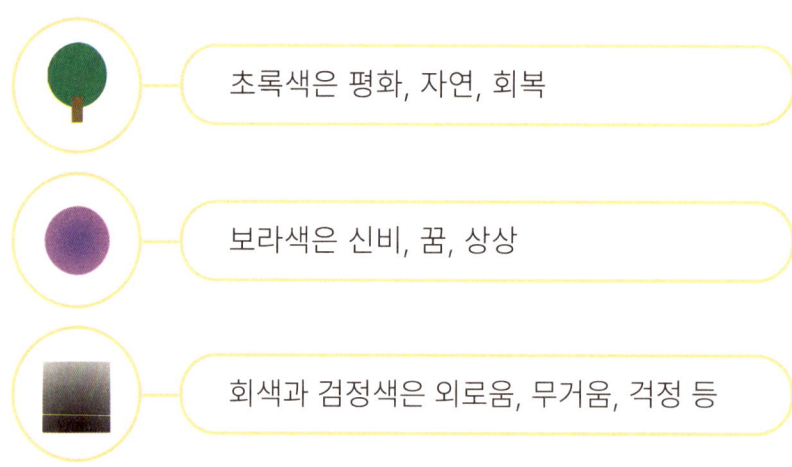

초록색은 평화, 자연, 회복

보라색은 신비, 꿈, 상상

회색과 검정색은 외로움, 무거움, 걱정 등

또한, 선의 형태와 움직임도 감정을 보여 줘요.

부드럽고 둥근 선은 편안함이나 즐거움

뾰족하고 날카로운 선은 긴장이나 불안

아래로 휘어진 선은 슬픔

위로 올라가는 선은 기쁨

미술관 속 색과 감정

　우리가 미술관에서 그림을 볼 때, 말은 없지만 마음이 전해지는 이유는 무엇일까요?

　그것은 바로 작가가 색과 선으로 감정을 표현했기 때문이에요.

　예를 들어 반 고흐의 그림을 보면, 거칠고 빠른 붓 터치와 선명한 색깔이 불안, 열정, 고독 같은 감정을 느끼게 해요.

　화가들의 그림은 말 대신 색과 선으로 이야기하는 책과 같아요.

개념 확장

색깔로 생각을 나누는 방법
- Six Thinking Hats 기법

우리가 감정을 표현할 때, 색깔은 감정의 느낌을 잘 보여 주는 도구예요. 하지만 색은 단지 감정을 나타내는 것에 그치지 않고, 생각을 나누는 도구로도 활용될 수 있어요.

'여섯 가지 생각 모자(Six Thinking Hats)'는 영국의 사고(思考) 교육 전문가 에드워드 드 보노 박사가 만든 사고 정리 방법으로, 각각의 색 모자는 다른 방식의 감정과 생각 표현을 나타내요.

이 기법은 복잡한 문제를 다양한 관점에서 생각하고 토론할 수 있도록 도와줘요.

모자 색	감정과 연결되는 생각 방식	설명
⚪ 흰색	객관적이고 차분한 생각	사실, 정보, 관찰에 집중해요. 감정을 배제하고 사실만 바라보는 사고방식입니다.
❤️ 빨간색	감정과 느낌 중심의 생각	논리보다는 지금 느끼는 감정을 솔직하게 표현해요. 기쁨, 불안, 설렘 등 감정 자체를 존중합니다.
⚫ 검은색	조심스럽고 비판적인 생각	어떤 점이 걱정되는지, 문제나 위험 요소는 없는지를 생각합니다. 감정으로는 '두려움', '우려'에 가깝습니다.
🟡 노란색	긍정적이고 희망적인 생각	좋은 점을 찾고, 낙관적으로 바라보는 태도예요. 따뜻함, 기대, 기쁨과 잘 어울립니다.
🟢 초록색	새로운 아이디어와 창의적 사고	상상력과 창의성으로 감정을 표현해요. 고정된 틀을 벗어난 생각을 가능하게 해 줍니다.
🔵 파란색	생각을 정리하고 조절하는 사고	지금 어떤 감정을 표현하고 있는지 돌아보고, 생각과 표현을 전체적으로 정돈합니다. 감정 표현 활동의 '리더' 역할을 합니다.

이처럼 각 색은 하나의 감정뿐 아니라, 생각의 방향도 함께 나타낼 수 있어요.

우리가 그림을 그릴 때 다양한 색을 섞어 감정을 표현하듯, 생각을 할 때도 다양한 색의 시선으로 감정을 바라보는 연습이 필요해요.

적용 아이디어 – 색깔 모자를 쓰고 토론해 보세요

이 기법은 그림 그리기뿐 아니라, 토론 활동에서도 아주 유용하게 사용할 수 있어요.

친구들과 의견이 나뉘는 주제가 있을 때, 각자 하나의 색 모자를 쓰고 그 모자의 역할에 따라 생각을 나누는 활동을 해 보세요.

예를 들어, 이런 주제를 토론한다고 해 볼까요?

"학교에 강아지를 키우면 좋을까요?"

이때 친구들은 역할을 나누어 색깔 모자를 하나씩 써 보며 이야기해요.

◯ 흰색 모자	"강아지를 키우려면 먹이와 운동, 청소가 필요해요. 어떤 준비가 필요한지 알아봐야 해요."
♥ 빨간색 모자	"강아지가 있으면 학교가 더 따뜻하고 즐거울 것 같아요!"
● 검은색 모자	"동물을 싫어하거나 알레르기 있는 친구는 불편할 수도 있어요."
🟡 노란색 모자	"아이들이 생명을 돌보는 책임감을 배울 수 있어요."
🟢 초록색 모자	"직접 키우는 대신, 지역 유기견 센터와 연결해서 체험 활동을 하면 어때요?"
🔵 파란색 모자	"이제 각 관점을 정리해서 전체 의견을 모아 볼까요?"

이처럼 모자 색에 따라 각자 다른 생각을 말하게 하면, 한 가지 주장에만 몰리지 않고 다양한 관점에서 주제를 바라보는 습관을 기를 수 있어요. 또한, 말하기에 익숙하지 않은 친구도 정해진 사고방식에 따라 표현할 수 있어 자신감을 얻을 수 있지요.

감정(♥)과 논리(◯●🟡), 창의력(🟢), 정리 능력(🔵)이 균형 있게 어우러진 토론이 되는 것이 이 기법의 큰 장점이에요.

확장 활동

색채의 마법사 마티스와 감정 표현

1. 마티스 작품 감상하기

다음은 마티스의 대표작 중 하나인 「춤」이에요.

✔ 질문을 읽고 그림을 감상하며 답해 보세요.

1. 이 그림에서 어떤 색깔이 가장 먼저 눈에 들어오나요?

→ _____

2. 이 그림에 등장하는 사람들의 모습이 현실과 다른 점은 무엇인가요?

→ _____

_____

3. 이 장면에서 느껴지는 감정은 무엇인가요?(복수 선택 가능)

☐기쁨 ☐놀라움 ☐슬픔 ☐사랑 ☐외로움 ☐신비함

☐그리움 ☐다른 감정: _____

4. 이 감정들이 잘 느껴지는 이유는 무엇이라고 생각하나요?

→ _____

_____

2. 색으로 감정을 표현해요

다음은 다양한 감정이에요. 각 감정에 어울린다고 생각되는 색깔을 선택하거나 직접 써 보세요.

감정	어울리는 색깔(O 또는 색이름 쓰기)
기쁨	
외로움	
사랑	
두려움	
평화	
분노	
신비로움	
희망	

3. 색깔 모자를 쓰고 생각해 봐요(Six Thinking Hats)!

「붉은 방」이나 「음악」 중 하나를 선택하여, 마티스의 그림을 여섯 색깔 모자로 생각해 보세요. 꼭 전부 다 쓰지 않아도 괜찮아

모자 색	생각해 본 내용(감정, 느낌, 상징 등)
◯ 흰색(정보)	
❤️ 빨간색(감정)	
⚫ 검은색(조심)	
🟡 노란색(장점)	
🟢 초록색(아이디어)	
🔵 파란색(정리)	

4. 나만의 마티스풍 감정 그림 그리기

 ✔ 지금 나의 감정을 하나 골라 보세요.

  ▪ 어떤 감정인가요? (예 기쁨, 불안, 기대, 외로움⋯)

  _____

 ✔ 그 감정을 표현하기 위해 어떤 색을 사용할 것인가요?

  ▪ 주된 색: _____

  ▪ 함께 쓸 색: _____ , _____

이제, 마티스처럼 현실을 꼭 그대로 그리지 않아도 돼요. 얼굴을 파란색으로 칠해도 좋고 배경 전체를 붉은색으로 덮어도 괜찮고 단순한 선과 색으로 감정을 표현해도 좋아요! 자신의 감정을 색으로 자유롭게 표현해 보세요.

5. 내 그림에 대해 짧게 써 보아요

- 내가 표현한 감정은 무엇인가요?

_____

_____

_____

- 이 그림을 보면 다른 친구들이 어떤 느낌을 받았으면 좋겠나요?

_____

_____

_____

_____

색으로 감정을 노래한 화가

- 색채의 마법사, 앙리 마티스

앙리 마티스는 1869년에 프랑스에서 태어난 화가예요. 그런데 처음부터 화가가 되려고 했던 건 아니에요. 젊은 시절에는 법을 공부했는데, 병으로 오랫동안 누워 지내면서 그림을 접하게 되었고 그때부터 예술가의 길을 걷게 되었어요.

마티스는 그림을 그릴 때 세상을 있는 그대로 표현하지 않았어요. 대신 자신이 느낀 감정을 색으로 나타내는 데 집중했지요. 그래서 그의 그림을 보면 사람의 얼굴이 초록색으로 칠해져 있거나, 배경이 파란색과 빨간색으로 가득 차 있기도 해요. 현실과는 다르지만 보는 사람은 그 색을 통해 기쁨이나 자유, 즐거움 같은 감정을 느낄 수 있어요. 그래서 사람들은 마티스를 "색채의 마법사"라고 불렀어요.

그는 20세기 초반에 등장한 야수파라는 미술 운동의 대표 화가이기도 했어요. '야수파'라는 말은 거칠고 자유롭게 색을 쓰는 화가들이라는 뜻이에요. 실제 모습과 똑같이 그리지 않고, 강렬한 색과 단순한 형태로 마음을 표현하는 것이 특징이었지요. 마티스의 대표작 중 하나인 「춤」을 보면, 사람들이 손을 잡고 원을 이루며 춤을 추고 있는데, 배경은 단순히 파란색, 사람들은 강렬한 빨간색으로 칠해져 있어서 보는 사람에게 큰 활력을 줘요.

마티스는 나이가 들어 붓질을 하기 힘들어졌을 때도 그림을 포기하지 않았어요. 대신 색종이를 가위로 오려 붙이는 새로운 방법을 사용했지요. 이렇게 만든 작품들, 예를 들어 「푸른 누드」나 「달팽이」 같은 그림은 오늘날에도 많은 사람에게 사랑받고 있어요. 그는 끝까지 새로운 방법을 찾아내며 색의 아름다움을 표현하려고 했어요.

마티스의 작품은 우리에게 특별한 메시지를 전해 줘요. 색은 감정을 전하는 언어가 될 수 있다는 것, 그리고 그림은 꼭 사실대로 그릴 필요가 없다는 거예요. 중요한 건 내 마음을 솔직하게 담아내는 거라는 걸 알려 주지요. 그래서 그의 그림을 보고 있으면 자연스럽게 기분이 밝아지고 자유로운 상상도 떠오르게 돼요.

마티스의 대표 작품들

「춤」

단순화된 인물들이 원을 그리며 춤추는 모습.
삶의 에너지와 자유로움을 표현해요.

「음악」

단조로운 색 속에 연주하는 인물들을 배치해,
음악의 단순한 기쁨을 색으로 담았어요

「붉은 방」

방 전체를 붉은색으로 채워
색이 주는 힘과 강렬한 인상을 보여 준 작품이에요.

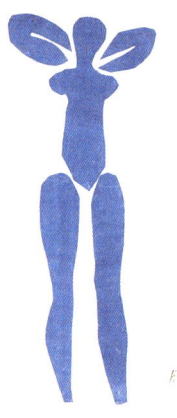

「푸른 누드」

단순한 선과 푸른 색으로 표현된 여성의 누드.
색과 형태의 조화가 인상적이에요.

3장
내 이야기로 만든 연극

극본·역할극

중심 개념

이야기
(Story)

관련 개념

역할(Role)
협동(Collaboration)
표현(Expression)

사고 개념

연결(Connection)
관점(Perspective)

연계 교과

- 국어: 이야기 꾸미기 • 극본 만들기 • 대사와 감정 표현하기
- 창체: 역할 나누기 • 협동 연극 만들기 • 갈등 상황에 대한 역할극 해 보기

탐구 질문

❖ 연극은 어떻게 나의 감정과 이야기를 표현할 수 있을까요?

❖ 역할극을 통해 다른 사람의 마음을 이해할 수 있을까요?

❖ 내가 주인공이 되는 이야기에는 어떤 의미가 담길까요?

교과서 속

연결 이야기

국어와 창의적 체험활동에서도 연극과 관련된 활동을 배우게 돼요.

국어에서는 이야기를 꾸며서 극본을 만들거나, 대사를 읽고 연기하는 활동을 통해 인물과 사건을 구성하는 방법을 배우고, 말과 몸짓, 표정을 활용해 감정과 생각을 표현하는 경험을 하게 돼요. 친구들과 함께 대사를 나누고 장면을 연습하는 과정에서, 글로

만 표현했던 이야기가 생생하게 살아나는 것을 느낄 수 있어요.

창의적 체험활동에서는 친구들과 협력하여 역할을 나누고 무대를 준비하는 경험을 하게 돼요. 또 갈등이 있는 상황을 역할극으로 표현하며 서로의 감정을 이해하고 문제를 해결하는 방법을 배울 수 있어요. 짧은 이야기라도 직접 무대에 올려 표현하는 과정은 자신감을 키우고, 다른 사람의 입장이 되어 보는 경험을 통해 공감 능력과 협동심을 기를 수 있지요.

따라서 '내 이야기로 만든 연극' 활동은 국어와 창의적 체험활동 수업의 경험을 자연스럽게 이어주며, 나의 경험과 감정을 무대 위에서 표현하고 친구들과 함께 소통하는 과정으로 확장돼요. 이 과정을 통해 연극은 단순한 놀이가 아니라, 서로의 마음을 이해하고 연결하는 또 하나의 언어임을 알게 됩니다.

무대 위의 이야기

태현이는 평소 발표를 잘 못해요. 말을 하려다 보면 얼굴이 빨개지고 가슴이 콩닥콩닥 뛰어요.

그런데 이번 국어 시간에는 '내가 주인공이 되는 이야기'를 직접 쓰고 연극으로 만들어 보는 활동을 하게 되었어요.

태현이는 조용히 종이에 글을 쓰기 시작했어요.

"나는 이사 온 첫날, 아무도 말을 걸어 주지 않아 슬펐다."

그 이야기를 친구들에게 들려주자, 민서가 말했어요.

"나도 전학 왔을 때 그랬어. 그럼 내가 친구 역할을 해 줄게!"

태현이와 친구들은 각자 역할을 정하고, 대사를 나누어 짧은 역할극을 만들었어요.

연극이 끝난 뒤, 친구들은 박수를 쳤고 태현이의 얼굴은 어느새 밝아졌어요.

"내 이야기를 말로 전하니, 마음이 좀 가벼워졌어."

연극은 마음을 말하는 또 다른 방법

우리는 마음속에 있는 이야기를 글로 쓰기도 하고, 그림으로 표현하기도 해요. 그런데 '연극'은 말과 몸짓, 표정과 움직임까지 모두 써서 표현하는 아주 특별한 예술이에요.

연극은 단지 연예인이 무대에서 하는 공연만을 뜻하지 않아요. 우리 반 친구들과 함께 만든 짧은 역할극도 훌륭한 연극이에요. 특히 자신의 경험, 감정, 생각을 바탕으로 한 이야기를 연극으로 표현하면 자신의 마음을 정리하고, 다른 사람과 연결되는 느낌을 받을 수 있어요.

연극의 구성과 준비 과정

연극을 만들기 위해서는 이야기의 뼈대(극본)가 필요해요.
극본은 다음과 같은 구조로 구성돼 있어요.

1. 등장인물

   어떤 인물들이 나오는가?

2. 배경

   언제, 어디에서 이야기가 일어나는가?

3. 갈등

   어떤 문제가 생겼는가?

4. 해결

   인물들이 어떻게 문제를 풀었는가?

5. 주제

   이 이야기를 통해 말하고 싶은 것은 무엇인가?

이야기가 정해지면, 각자 역할을 나누고, 대사를 연습해요. 때로는 소품이나 배경을 그리거나 만들기도 하고, 표정, 말투, 동작을 연습하면서 인물의 마음을 이해해 봐요.

❖ 탐색 질문

▪ 나는 어떤 순간을 연극으로 표현하고 싶나요?

▪ 다른 사람의 역할을 해 본 적이 있나요? 그때 어떤 감정을 느꼈나요?

▪ 연극을 만들면서 친구들과 어떤 점이 어려웠고, 어떤 점이 재미있었나요?

확장 활동

표현의 무대! 우리 반 작은 연극제

1. 나의 이야기로 극본 쓰기 & 역할 나누기

❖ 활동 이름

내 이야기, 무대에 올라가다!

❖ 활동 방법

- 내가 겪었던 특별한 순간(기뻤던 일, 화났던 일, 오해했던 순간, 감동 받은 기억 등)을 떠올려 짧은 극본(대사 중심의 이야기)으로 써요.
- 친구들과 모둠을 이루어 극본을 나누고, 각자 등장인물 역할을 정해 연극을 준비해요.

- 무대나 교실 앞에서 2~5분 내외 짧은 연극 발표로 마무리합니다.

❖ 도움 포인트

- 이야기에는 등장인물, 갈등, 해결, 대사가 꼭 들어가야 해요.
- 실제 상황 그대로 재현해도 좋고, 살짝 바꿔 "이랬으면 좋았을 텐데" 버전으로 창작해도 좋아요!

❖ 활용 가능한 앱/도구

- Book Creator(웹/앱): 그림과 대사로 디지털 극본 만들기
- Canva: 연극 포스터나 역할 카드 만들기
- Storyboard That: 만화형 스토리보드 작성용

2. 감정 처지 바꿔보기 & 즉흥 상황극

❖ 활동 이름

그 처지가 되어 보자! 감정 뒤집기 극장

❖ 활동 방법

- 친구가 만든 연극 속 주인공이나 조연의 처지를 바꿔서 다시 연기해요.

  (예) 나쁜 역할이었던 인물도 사실은 오해받았던 걸로 바꾸기!)

- 또는, 선생님께서 주시는 즉흥 상황 카드를 보고 그 자리에서 바로 연극을 만들어요.

  예

  - 친구가 내 물건을 허락 없이 썼을 때
  - 반 친구가 발표 중 말을 더듬었을 때
  - 숙제를 못 해서 엄마에게 꾸중을 들었을 때
  - 내가 늦게 도착했는데 친구들이 나를 놀렸을 때

❖ 포인트

- 감정 중심 표현(목소리, 표정, 몸짓)을 강조해요.
- 역할을 바꾸며 다른 시선에서 감정과 상황을 이해하는 힘을 길러요.

❖ 활용 가능한 앱/도구

- Drama Notebook(영문)

  즉흥극 아이디어와 상황 카드 자료 많음

- ChatterPix Kids

  캐릭터 사진에 목소리 입히기(감정 대사 녹음 활동용)

3. 연극 발표 후 관객 Q&A & 피드백 나누기

❖ 활동 이름

연극 뒤 이야기: 주인공에게 묻는다!

❖ 활동 방법

- 연극을 본 후, 관객(친구들)이 등장인물에게 직접 질문을 던져요.

  예

  - "왜 그때 그렇게 화가 났나요?"

  - "다시 그 상황이 온다면 어떤 선택을 할 것인가요?"

  - "그때 어떤 감정이 들었나요?"

- 등장인물(배우)은 그 인물의 입장으로 대답해야 해요!
- 이어서 전체 학급이 피드백을 나눠요.

  예
  - "이 장면이 특히 인상 깊었어요."
  - "이 장면은 조금 더 감정을 담았으면 좋았을 것 같아요."
  - "이야기의 결말이 생각보다 현실적이었어요!"

❖ 포인트

- 감상자도 배우도 모두 표현과 공감에 참여하는 활동이에요.
- 말하는 사람도, 듣는 사람도 자신의 감정을 정리하며 반성하는 사고를 할 수 있어요.

❖ 활용 가능한 앱/도구

- Padlet: 피드백 글 모으기 게시판
- Kahoot 또는 Mentimeter: 감상 후 즉석 퀴즈나 투표
  (예 "가장 공감된 장면은?")
- Canva Whiteboard: Q&A 질문 작성판

❖ 응용 활동

- **역할 놀이 카드 만들기**

  직접 역할 카드를 만들어 보세요! 친구들과 어떤 역할을 맡을지 정하고 이름도 붙여요.

  (예) "용감한 발명가", "생각 많은 작가")

- **우리 팀만의 포스터 만들기**

  모둠 친구들과 함께 우리가 만든 이야기나 발표 내용을 멋진 포스터로 그려요. 색연필, 색종이, 잡지 사진을 마음껏 써도 좋아요!

- **배경 음악 골라 보기**

  발표할 때 어울리는 배경음악을 생각해 보세요. 슬픈 장면엔 잔잔한 음악, 신나는 장면엔 밝은 음악을 유튜브에서 찾아보고 친구들과 의논해요.

- **무대 뒤 일기 쓰기**

  활동이 끝나고 나면 오늘 느낀 점을 '무대 뒤 일기'에 써요. '내가 무엇을 잘했는지, 다음엔 무엇을 더 잘하고 싶은지' 생각해 보는 것도 멋진 연습이에요!

연극의 거장, 셰익스피어를 만나다

우리가 친구들과 함께 짧은 역할극을 만들고 발표할 때 느낀 설렘과 떨림, 그리고 연기를 통해 누군가의 마음을 표현해 보는 경험은 사실 아주 오래전부터 연극이 가지고 있는 놀라운 힘이기도 해요.

윌리엄 셰익스피어(William Shakespeare)는 지금으로부터 400년도 더 전에 영국에서 활동한 세계적인 극작가예요. 그는 단지 글을 쓴 작가가 아니라, 직접 연극 무대에 섰던 배우이자 연출가였고, 자신이 쓴 희곡이 무대 위에서 관객들과 함께 살아 움직이도록 만든 연극의 예술가였어요.

셰익스피어의 시대와 연극

셰익스피어가 살았던 엘리자베스 시대의 영국은 연극이 사람들의 가장 큰 즐거움 중 하나였어요.

런던에는 글로브 극장(Globe Theatre)과 같은 전용 극장이 세워졌고, 왕족부터 시장 사람들까지 모두 함께 공연을 즐길 수 있는 시대였죠.

무대에는 전기나 조명이 없었기 때문에 주로 낮에만 공연했고, 무대와 관객석 사이에 벽도 없어서 배우가 관객에게 직접 말을 걸기도 했어요.

셰익스피어는 이 구조를 잘 활용해, 관객과 소통하며 감정이 직접 닿는 연극을 만들었어요.

셰익스피어 글로브 극장 무대

셰익스피어가 만든 이야기들

셰익스피어는 사랑과 질투, 우정과 배신, 가족과 정의, 삶과 죽음 같은 이야기를 희극, 비극, 로맨스 등 다양한 장르로 표현했어요.

그의 가장 유명한 작품 몇 가지를 소개할게요.

『햄릿』	아버지의 복수를 고민하는 덴마크 왕자의 이야기
『로미오와 줄리엣』	서로를 사랑하지만 가족의 갈등으로 비극을 맞는 연인의 이야기
『한여름 밤의 꿈』	요정과 인간이 얽힌 웃음과 사랑의 환상적인 이야기
『오셀로』	사랑과 질투, 오해가 만든 비극
『베니스의 상인』	자비와 정의, 편견에 대한 깊은 질문을 던지는 작품
『템페스트』	용서와 화해, 인간의 선택을 다룬 마법 같은 이야기

연극은 '살아 있는 이야기'

셰익스피어의 연극이 오늘날까지 사랑받는 이유는 사람들의 마음을 그대로 담고 있기 때문이에요. 그의 작품에는 웃음도, 눈물도, 분노도, 기쁨도 모두 담겨 있어요. 그래서 그의 이야기를 보는 사람은 마치 자신의 이야기처럼 느끼게 돼요.

그는 이렇게 말했어요.

"All the world's a stage, and all the men and women merely players."

"세상은 모두 무대이고, 사람은 각자의 역할을 맡은 배우일 뿐이다."

이 말은, 우리가 각자 자신만의 이야기를 살고 있고, 그 이야기를 표현하고 나누는 것이 바로 연극이라는 예술의 본질임을 말해 줘요.

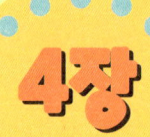

4장

우리 동네를 소개해요!

포스터·광고·사진

중심 개념

지역
(Place)

관련 개념

시각 자료(Visual Aids)
광고(Advertisement)

사고 개념

기능(Function)
관점(Perspective)

연계 교과

- **사회**: 우리 동네의 특징과 자랑거리 조사하기•지도, 사진, 글로 지역 알리기
- **미술**: 색과 선을 활용해 장소의 특징을 표현하기•포스터, 그림으로 메시지 전달하기

탐구 질문

❖ 우리가 사는 동네는 어떤 모습을 하고 있나요?

❖ 나의 시선으로 우리 동네를 표현할 수 있을까요?

❖ 글과 그림, 사진과 영상은 어떤 방식으로 정보를 전하고 감정을 표현할까요?

교과서 속

연결 이야기

　사회와 미술 시간에서도 우리 동네를 표현하고 소개하는 활동을 배우게 돼요.

　사회에서는 내가 사는 동네의 모습과 특징을 살펴보고, 자랑할 만한 장소를 찾아 다른 사람에게 알리는 방법을 배워요. 지도를 활용해 위치를 파악하거나, 사진과 글을 통해 생활 공간을 정리하면서 우리 지역이 가진 의미를 이해하게 되지요. 일상적으로 지나치던 장소도 탐구와 표현을 통해 특별한 가치가 있는 공간으로 새롭게 바라보게 됩니다.

미술에서는 색과 선, 이미지를 활용해 장소의 분위기와 특징을 그림으로 담아내는 방법을 배워요. 포스터나 삽화를 제작하면서 중요한 메시지를 시각적으로 강조하는 연습을 하지요. 단순히 사실을 알리는 것을 넘어서, 그림과 색을 통해 지역이 가진 감정과 매력을 생생하게 표현하는 경험을 하게 됩니다.

따라서 '우리 동네를 소개해요!' 활동은 사회의 지역 탐구와 미술의 시각적 표현을 자연스럽게 이어주는 과정이에요. 내가 사는 곳을 관찰하고 특별한 시선으로 소개하는 경험을 통해, 학생들은 교과서에서 배운 지식을 실제 생활 속에서 활용하며 지역과 소통하는 즐거움을 느낄 수 있어요.

우리 동네 이야기

소윤이는 이번 프로젝트 과제로 '내가 사는 동네 소개하기' 포스터를 만들게 되었어요.

하지만 어디부터 어떻게 시작해야 할지 막막했어요.

"우리 동네는 그냥 아파트, 슈퍼, 학교, 놀이터밖에 없어…."

소윤이는 한숨을 쉬었어요.

그때 엄마가 말씀하셨어요.

"그것은 네가 익숙해서 그런 거지. 가만히 들여다보면 특별한 걸 발견할 수도 있어."

그래서 소윤이는 다음 날부터 휴대전화 카메라로 자신이 좋아하는 골목, 자주 가는 문구점, 소리 나는 계단을 찍기 시작했어요.

사진을 모으고 나서, 소윤이는 거기에 짧은 글을 붙였어요.

"이 계단을 오르면 우리 반 민우네 집이 나와요. 항상 강아지 '초코'가 반겨줘요."

이렇게 해서 탄생한 작품은, 세상에 단 하나뿐인 "소윤이의 마음으로 본 우리 동네" 포스터였어요.

내가 사는 동네는 누군가에게는 그냥 지나치는 곳일 수 있어요. 하지만 내가 자세히 보고, 느끼고, 표현해 보면 그곳은 나만의 특별한 의미를 가진 공간이 됩니다.

"보통의 풍경도, 나의 시선으로 담으면 이야기가 돼요."

동네를 소개하는 여러 가지 방법

우리의 동네를 소개하는 방식은 정말 다양해요.

포스터

한 장에 동네의 특징이나 느낌을 그림, 글, 사진으로 담는 표현 방식

광고

짧고 강하게! 사람들의 관심을 끌고 정보를 전달하는 말과 이미지

사진

말로 설명하지 않아도, 보는 사람에게 감정을 바로 전달하는 시각 언어

지도, 브로슈어(안내서), 인터뷰 영상, 스냅챗/릴스

모두 동네를 표현하는 방법이 될 수 있어요!

이 모든 표현 방식은 '정보를 알리거나 감정을 나누기 위해 만든 도구'예요. 우리는 이 도구들을 이용해, 자신만의 관점으로 우리 동네를 소개할 수 있어요.

다양한 동네 소개의 예시들

표현 방식	예시	특징
포스터	"우리 동네에서 제일 맛있는 떡볶이집"	사진+글+그림을 함께 사용, 시각적 강조
광고 문구	"여기는 매일 산책하기 좋은 마을입니다!"	짧고 강렬한 문장, 감정을 불러일으킴
사진 소개	벤치, 공사장, 담벼락 낙서 등 동네의 평범한 모습도 나만의 시선으로 표현	말없이 감정을 전달 가능
인터뷰	"동네 마트 사장님께 물어봤어요"	타인의 시선으로 동네 바라보기

광고와 포스터의 세계, 마음을 사로잡는 말 한 줄

우리는 주변에서 광고나 포스터를 자주 만나요. 모두 물건이나 장소, 생각이나 서비스를 사람들에게 알리고, 관심을 끌기 위한 표현이에요.

또한 사람들의 마음을 움직이고, 세상을 바꾸는 메시지를 전하는 언어가 되기도 해요.

광고는 어디서부터 시작되었을까요?

광고는 아주 오래전, 고대 이집트와 로마에서도 존재했어요. 상점 간판, 벽화, 장터에서 외치던 말들이 초기의 광고였죠.

지금과 같은 광고는 15세기 구텐베르크의 인쇄술 발명 이후 전단 과 벽보 형태로 등장했고, 1600년대에는 신문 광고가 본격적으로 퍼지면서 널리 확산되었어요. 이후 라디오, TV, 인터넷, 유튜브 등 새로운 매체가 등장하면서 광고는 산업, 예술, 문화의 한 부분이 되 었어요.

광고 문구(카피)의 힘

광고에서 가장 기억에 남는 것은 한 줄의 문장일 수 있어요.

이걸 '광고 카피(Copy)' 또는 '슬로건(Slogan)'이라고 해요.

좋은 광고 카피는

- 짧고 간결하지만
- 강한 인상을 주고
- 브랜드의 생각을 담고 있어요.

예를 들어...

브랜드	광고 카피	의미
Nike (나이키)	Just Do It	"망설이지 말고, 해 봐!" 도전과 용기의 상징
Apple (애플)	Think Different	다르게 생각하라 – 창의적이고 독립적인 태도
Coca-Cola (코카콜라)	It's the Real Thing	진짜, 원조 – 브랜드 자신감 표현
Snickers (스니커즈)	You're Not You When You're Hungry	배고플 땐 너답지 않아 – 유머와 공감

한국 광고에도 멋진 문구가 많아요!

브랜드	광고 카피	의미
삼성	Do What You Can't	"할 수 없는 것을 해 봐!" – 기술과 도전 정신
LG	Life's Good	삶은 즐겁다 – 긍정적인 메시지
서울시	I·SEOUL·U	서울이 너와 나를 잇는다 – 연결과 다양성
한화	함께 멀리	같이 가야 멀리 갈 수 있어요 – 협력과 미래

이처럼 광고 카피는 한 문장으로 감정을 담고, 때로는 도시, 나라, 세대를 대표하는 말이 되기도 해요.

우리도 광고를 만들어 볼 수 있어요

광고 문구는 꼭 물건을 팔기 위한 것만이 아니에요. 우리 동네의 따뜻한 정, 숨은 장소, 특별한 감성을 담은 광고도 만들 수 있어요.

예

- "지루한 일상에, 감자를 튀기다 – 우리 동네 분식집"
- "한 걸음 걸으면 세 가지 소리가 들리는 골목

  – 새, 발자국, 마음의 소리"
- "놀이터 그네에 앉으면, 세상에서 가장 멀리 날 수 있어요!"

이 짧은 문장 한 줄이 우리 동네를 더 특별하게, 더 아름답게, 더 기억에 남게 만듭니다.

이제 여러분의 차례예요! 직접 동네를 광고하는 문구를 만들고, 사진이나 그림과 함께 포스터나 영상으로 표현해 보세요.

세상을 바꾼 광고도, 마음을 울린 광고도, 처음엔 누군가의 작고 따뜻한 관찰과 한 줄의 말에서 시작되었답니다.

포스터란 무엇일까요?

포스터는 짧은 글과 그림으로 사람들에게 알리고 싶은 내용을 한 눈에 보여 주는 그림 광고예요. 길을 걷거나 학교 복도에서 자주 볼 수 있고, 그림과 색깔이 들어가서 더 눈에 잘 띄고 쉽게 기억돼요. 그래서 포스터는 축제 안내, 환경 보호 캠페인, 동아리 홍보, 물건 광고처럼 여러 가지를 알릴 때 많이 쓰여요.

좋은 포스터를 만드는 방법

좋은 포스터를 만들려면 먼저 무엇을 알리고 싶은지 정해야 해요. 예를 들어 "학교 축제 안내", "지구를 지켜요" 같은 내용을 정하고, 사람들이 멀리서도 볼 수 있도록 크고 눈에 띄는 제목을 써야 해요. 그림이나 사진을 넣고 알맞은 색깔을 고르면 더 좋아요.

글자는 길게 쓰지 말고 꼭 필요한 것만 쓰는 게 좋아요. '언제, 어디서, 무엇을 하는지'를 간단히 적고, 짧고 힘 있는 말로 표현하면 눈에 잘 들어와요. 예를 들어 "이번 주말, 놀러 오세요!" 같은 문장이 효과적이에요.

그리고 포스터에는 정보뿐 아니라 느낌도 들어가야 해요. 축제 포스터라면 알록달록한 색과 신나는 문장을 쓰고, 환경 캠페인 포스터 라면 초록색이나 파란색을 쓰고 차분한 문장을 쓰면 더 잘 어울려요. 마지막으로 학교 이름이나 반 이름, 연락처, QR코드 같은 정보를 넣으면 완성된 포스터가 돼요.

확장 활동

우리 동네를 표현해 봐요

1. 나만의 '우리 동네 포스터' 만들기

❖ **활동 목표**

내가 사는 동네의 매력, 감성, 정보를 한 장의 포스터에 담아 표현한다.

┌─ 준비물 ─────────────────────┐

종이 또는 디지털 툴(Canva, Google Slides 등), 색연필,

스티커, 사진, 지도 등

└──────────────────────────┘

❖ 활동 방법

1. 주제 정하기

(예 우리 동네 자랑 / 우리 집 가는 길 / 추억의 장소 / 숨은 맛집 지도 등)

2. 관찰 포인트 정리하기

- 왜 이 장소를 소개하고 싶은가?

- 이 장소의 소리는? 냄새는? 느낌은?

3. 내용 구성하기

- 제목: 강렬하고 주제가 드러나도록 표현해요.

- 소개 문장: 2~3줄 내외로 '이곳'의 특징 설명해요.

- 사진 또는 그림: 직접 찍거나 그린 이미지 삽입해요.

- 지도/경로: 위치를 알 수 있게 단순한 그림을 포함할 수도 있어요.

4. 디자인하기

- 주조색, 강조색, 배치를 고려해요.

- 읽기 쉬운 글자 크기와 구성을 사용해요.

5. 포스터 완성 후 공유

- 친구들과 전시하거나, 학교 벽에 게시해요.

- 온라인에 업로드해요.

2. '광고처럼 말해 보기' 발표 놀이

❖ 활동 목표

짧은 문장 한 줄로 동네 장소의 매력을 재미있고 창의적으로 전달한다.

❖ 활동 방법

1. 광고 주제 정하기

　내가 좋아하는 장소, 가게, 놀이터, 계단, 풍경 중 하나 선택해요.

2. 광고 문구 만들기(15자 이내)

　(예 "여긴 햇살이 2배로 따뜻한 골목입니다.", "세 걸음마다 추억이 깃든 골목길")

3. 광고 스타일 발표 준비

　말투, 억양, 표정까지 광고처럼 표현해요.

4. 짝 발표 + 피드백 나누기

　▪ 발표 후 "어떤 점이 기억에 남았는지" 서로 이야기를 나눠요.

　▪ 좋았던 표현, 인상 깊은 단어를 칭찬해요.

5. 베스트 광고 문구 선정

3. '우리 동네 사진 일기' 미니 전시 프로젝트

❖ 활동 목표

사진과 짧은 글로 나의 동네를 관찰하고, 나만의 시선으로 소개하는 미니 전시물을 만든다.

❖ 활동 방법

1. 동네 관찰하기

- 나만의 시선으로 장소, 순간, 풍경을 찍어요.(3~5장)
- 주제 예시: 내가 좋아하는 오후 풍경 / 숨은 장소 / 특별한 길목 / 재미있는 간판

2. 사진 설명 글쓰기

- 각 사진 옆에 1~2줄 정도로 설명해요.
- '이 장소가 특별한 이유', '느껴지는 감정', '숨은 이야기' 등을 포함하면 좋아요.

3. 미니 전시물로 정리하기

- 인쇄해서 전시판에 붙여요.
- 또는 Canva / Book Creator로 디지털 브로슈어 제작 후

발표해요.

4. 친구들과 감상 나누기

- 이 사진을 보니 어떤 생각이 들었나요?

- 내가 찍은 장소와 비슷한 경험이 있나요?

5. 확장 활동(선택)

- 가족과 함께 다시 그 장소를 방문해요.

- 사진 속 장소를 주제로 시나 이야기를 써요.

❖ 응용 활동

- 3가지 활동 중 하나만 해도 좋고, 2~3가지를 연결해 하나의 프로젝트처럼 진행해도 좋아요!

- 활동 결과물은 학급 전시, 학급 신문, SNS 게시, 지역 사회 발표 등 다양한 방식으로 공유할 수 있어요.

포스터 이야기

포스터는 어떻게 지금처럼 멋지고 알록달록해졌을까요?

길거리를 걷다 보면 어느 순간, 시선을 잡아끄는 색색의 포스터가 눈에 띄곤 해요. 영화 개봉 소식, 뮤지컬 홍보, 환경 캠페인, 동네 축제까지!

그런데 이런 포스터가 언제, 어떻게 시작되었는지 생각해 본 적 있나요?

정보제공처: 보건복지부

정보제공처: 옥천 문화관광

86

포스터의 기원

먼저 아주 오래전으로 잠깐만 시간 여행을 해 볼까요? 고대 이집트, 로마, 중국에서는 왕이 백성들에게 명령을 내릴 때 '돌이나 나무판에 글을 새기거나 벽에 그림을 그려서' 알렸다고 해요. 지금처럼 인쇄기가 없던 시대엔 이런 방법이 최첨단(?)이었죠.

하지만 오늘 우리가 보는 포스터와는 아직 거리가 있어요. 정말 재미있는 이야기는 근현대부터 시작돼요.

종이가 말을 하기 시작한 시대(15~18세기)

15세기, 유럽의 인쇄 혁명가 구텐베르크가 등장하면서 상황이 확 바뀌었어요.

활자를 이용해 종이에 글을 빠르게 찍어 낼 수 있게 되면서 전단, 벽보, 상품 홍보지 같은 아주 간단한 포스터들이 등장했죠.

이때부터 거리의 벽은 그냥 회색 벽이 아니라, '무언가 말하고 싶은 공간'이 되기 시작했어요.

포스터가 예술이 된 순간! - 쥘 세레의 등장(19세기 후반)

이제 파리로 떠나 볼까요?

1860년대, 한 프랑스 화가 쥘 셰레(Jules Chéret)는 뭔가 심심했던 거리 벽에 환하게 웃는 여인, 알록달록한 배경, 커다란 글씨를 담은 포스터를 붙이기 시작했어요. 이 포스터들은 그냥 광고가 아니라 거리에서 만나는 멋진 그림 같았답니다!

사람들은 포스터를 읽기 위해 멈춰 서는 것이 아니라, 감탄하며 바라보는 시대가 된 거예요. 쥘 셰레는 그래서 '현대 포스터의 아버지'라는 별명을 얻게 되었답니다.

20세기, 포스터와 시대가 함께 달리다

20세기로 넘어오면 포스터는 점점 더 강력한 메시지를 담는 무기가 돼요. 1차, 2차 세계대전 때는 군대 입대, 절약, 단결을 외치는 포스터들이 거리에 가득했고, 전쟁이 끝난 후에는 영화 포스터, 스포츠 포스터, 브랜드 광고가 사람들의 마음을 사로잡았죠.

예를 들면 이런 일이 있었어요. 1950년대 미국에서는 한 청년이 영화관 벽에 붙은 포스터를 보고 이렇게 외쳤죠.

"이 배우 누구야? 포스터만 봐도 멋짐이 폭발이잖아!"

그 배우는 바로 제임스 딘. 영화가 큰 성공을 거두면서, 포스터도 그의 인기를 높이는 데 큰 역할을 했어요.

지금 이 순간에도 포스터는 살아 있어요

21세기인 지금, 우리는 라디오도 TV도 넘어서 인터넷, 스마트폰, SNS까지 다양한 매체를 쓰고 있지만, 포스터는 여전히 우리 곁에 있어요.

왜일까요?

그 이유는 바로 '포스터는 짧은 순간에 말하고, 눈에 보이고, 감정을 전할 수 있기 때문'이에요. 디자인, 문구, 색감, 표정… 이 모든 걸 한 장에 담아내는 포스터는 정보와 감성, 메시지를 함께 담는 시각 예술이 되었답니다.

5장

음악으로 느끼는 감정

감상과 작곡

중심 개념

음악
(Music)

관련 개념

감정(Emotion)
해석(Interpretation)
리듬(Rhythm)

사고 개념

형태(Form)
관점(Perspective)

연계 교과

- 음악: 목소리와 악기와 신체를 활용해 감정을 표현하고, 빠르기와 음색을 구별하며 음악이 주는 느낌을 경험하기
- 국어: 경험과 느낌을 글로 쓰고, 생각과 감정을 언어로 표현하며 시와 이야기 속마음을 이해하기
- 도덕: 자신의 감정을 이해하고 표현하며, 친구의 감정을 공감하고 자신과 타인을 존중하기

탐구 질문

❖ 음악은 감정과 생각을 어떻게 표현하고 전달할 수 있을까요?

교과서 속

연결 이야기

음악과 국어, 도덕 시간에서도 감정을 표현하고 공감하는 방법을 배워요.

음악에서는 소리와 악기를 활용해 느낌과 생각을 나타내고, 리듬·빠르기·음색이 감정과 어떻게 연결되는지 경험해요. 목소리, 신체, 다양한 음악 요소로 감정을 표현하며 음악이 주는 느낌을 말해 보는 연습도 합니다.

국어에서는 감정을 언어로 표현하는 힘을 기릅니다. 경험이나 느낌을 글이나 말로 나타내고, 음악을 듣고 떠오른 장면을 문장으로 적으며 감정과 언어를 자연스럽게 연결해요. 시와 이야기 속 표현을 통해 마음을 이해하고 감정을 글로 풀어내는 경험도 합니다.

도덕에서는 자신의 감정을 들여다보고 친구의 감정을 공감하는 태도를 기릅니다. 음악을 듣고 느낀 점을 나누며 감정을 바르게 표현하고, "이 음악을 들으면 편안해요" 같은 대화를 통해 자신과 타인을 존중하는 법을 배워요.

따라서 '음악으로 느끼는 감정' 활동은 음악의 감정 표현, 국어의 언어적 표현, 도덕의 감정 공감 학습을 이어주며, 학생들이 표현력과 감정 인식, 공감 능력을 함께 기를 수 있게 합니다.

음악으로 나눈 감정

지우는 말로 감정을 표현하는 것을 힘들어 해요.

그래서 슬퍼도 웃고, 화가 나도 조용히 참는 편이었죠.

어느 날 음악 시간에 선생님께서 말씀하셨어요.

"이 곡을 듣고, 떠오르는 감정을 그림으로 표현해 보세요."

지우는 조용히 눈을 감고 피아노 소리를 들었어요.

처음에는 조용한 물방울처럼 시작하다가, 중간엔 갑자기 커지고, 끝부분에는 다시 작아졌어요.

지우는 파란색과 회색을 섞어 흔들리는 선을 그렸고, 그림을 본 친구가 말했어요.

"지우야, 나도 방금 그런 기분이었어."

그날 지우는 처음으로, 자신의 마음이 음악을 통해 친구에게 전해졌다는 것을 느꼈어요.

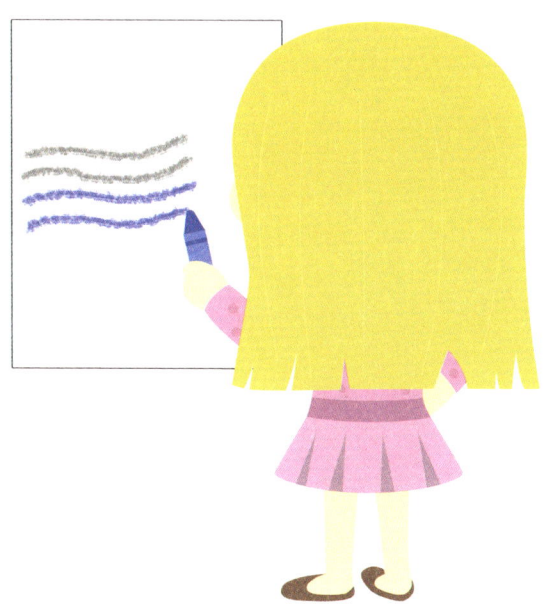

음악의 세 가지 표현 요소
- 리듬, 감정, 해석

음악은 인간의 마음을 움직이는 예술이에요. 말이 없어도 기쁘거나 슬프고, 때로는 용기나 위로를 전하기도 하죠.

그런 음악의 힘은 단순히 음표와 소리의 나열에서 오는 것이 아니에요. 음악이 감정을 전하고 이야기를 만들어 내는 데에는 세 가지 중요한 표현 요소, 바로 리듬, 감정, 해석이 큰 역할을 해요.

리듬(Rhythm): 음악의 맥박

음악이 시작되면 가장 먼저 느껴지는 것이 바로 리듬이에요. 리듬은 소리가 언제 시작되고, 얼마나 길게 이어지고, 얼마나 빠르게 움직이는지를 결정하지요.

쉽게 말해, 리듬은 음악의 뼈대이자 심장 박동 같은 존재예요.

강하게 울리는 드럼 소리, 빠르게 튀는 비트, 잔잔하게 흐르는 피아노 리듬… 이런 다양한 리듬은 음악의 분위기를 만들어 주고, 우리의 감정을 따라 움직이게 해요.

예를 들어, 빠르고 강한 리듬은 신나고 흥분되는 감정을 불러오고, 느리고 부드러운 리듬은 차분함이나 슬픔을 전해 주기도 하지요. 행진곡의 일정한 박자, 왈츠의 둥근 3박자, 록 음악의 강렬한 비트처럼 우리가 듣는 거의 모든 음악에는 리듬이 감정을 끌어내는 힘이 숨어 있어요.

감정(Emotion): 음악이 전하는 마음

음악은 사람의 기분과 감정에 직접적으로 영향을 미치는 예술이에요. 좋아하는 노래를 들으면 기분이 좋아지고, 슬픈 음악을 들으면 눈물이 날 때도 있죠.

이렇게 음악이 우리 감정에 영향을 주는 이유는 소리와 리듬, 멜로디, 화성, 악기의 음색 등이 뇌에 작용하면서 신체와 감정 반응을 동시에 일으키기 때문이에요. 과학자들은 음악이 도파민이나 세로토닌 같은 감정 호르몬의 분비를 도와서 사람에게 행복감이나 위로를 준다고 말해요.

예측할 수 없는 멜로디의 전개나 갑작스러운 화성(여러 음이 어울려 나는 소리) 변화는 심장 박동이나 몸의 감각까지 자극해 강한 감정 반응을 이끌기도 하죠. 슬픈 발라드, 신나는 응원가, 잔잔한 클래식… 이 모든 음악은 각기 다른 감정의 얼굴을 하고 있어요. 음악은 그 자체로 마음을 움직이는 언어예요.

해석(Interpretation): 음악의 이야기를 만드는 힘

같은 음악을 들어도, 사람마다 느끼는 감정은 다를 수 있어요. 어떤 사람에게는 슬픔으로, 다른 사람에게는 희망으로 들릴 수 있죠. 이처럼 음악은 듣는 사람과 연주자에 따라 달라지는 '해석'을 가지고 있어요. 해석은 음악을 어떻게 느끼고 받아들이는지를 말해요.

연주자는 같은 악보라도 자신의 감정에 따라 템포나 강약, 표현법을 바꿔 연주할 수 있어요. 청중은 자신의 기억, 상황, 기분에 따라 같은 곡을 다르게 받아들일 수 있고요.

예를 들어, 같은 곡이라도 어떤 연주는 깊고 슬프게, 다른 연주는 밝고 따뜻하게 느껴질 수 있는 이유는 바로 이 해석의 차이 때문이에요. 이처럼 해석은 음악에 개성과 생명력을 불어넣는 힘이에요. 연주자와 청중 사이에 감정이 오가고, 소리가 아닌 이야기와 공감이 흐르게 해 주는 중요한 요소이죠.

음악은 때로는 그림보다, 말보다 더 솔직하게 감정을 표현할 수 있는 도구예요. 기쁜 날, 슬픈 날, 아무 말도 하고 싶지 않은 날에도, 음악은 우리 마음의 목소리를 대신 내어 줄 수 있어요.

"감정은 눈에 보이지 않지만, 음악 속에 살아 있어요."

음악은 왜 말없이도 마음을 움직일까요?
- 뇌과학으로 보는 감정의 비밀

음악은 말이 없어도 마음을 전할 수 있어요

어떤 날은 말로 감정을 설명하기 어려울 때가 있어요. 그런데 음악을 들으면, 말하지 않아도 내 기분을 그대로 담고 있는 것 같다고 느껴본 적 있지 않나요? 왜 음악은 말이 없어도 감정을 전할 수 있을까요? 그 이유는 우리의 뇌, 감정, 몸, 기억이 음악과 아주 특별한 방식으로 연결되어 있기 때문이에요.

음악은 감정을 담당하는 뇌와 직접 연결되어 있어요

음악을 들을 때, 우리 뇌에서는 단순히 '소리'를 듣는 청각 부분만 작동하지 않아요.

- 기쁨이나 슬픔을 느끼는 '편도체'
- 기억을 저장하는 '해마'
- 공감과 판단을 담당하는 '전전두엽' 등

감정과 관련된 여러 뇌 부위가 동시에 활성화돼요.

특히 음악의 리듬과 멜로디는 감정을 빠르게 처리하는 편도체를 자극해서, 우리가 금방 기쁘거나 울컥한 감정을 느끼게 만들죠.

음악은 뇌에서 기분을 바꾸는 멋진 마법 같아요

음악을 들으면, 뇌에서는 실제로 기분에 영향을 주는 '신경전달물질'이 나와요.

- 도파민 → 기쁨과 동기를 높여 줘요
- 세로토닌 → 마음을 차분하고 평온하게 만들어요
- 옥시토신 → 사랑, 유대, 공감하게 해 줘요

그래서 신나는 음악을 들으면 기분이 좋아지고, 슬픈 음악을 들으면 눈물이 나는 것도 몸 안에서 실제 감정 변화가 일어나기 때문이에요.

리듬과 멜로디는 본능적으로 느껴져요

사람은 태어나기도 전부터, 엄마 뱃속에서 심장 박동 소리를 듣고 자라요. 그래서 리듬은 본능처럼 느껴지는 감각이에요. 빠른 리듬은 흥분, 에너지, 긴장감을 느린 리듬은 슬픔, 안정감, 평화로움을 떠올리게 해요.

멜로디(선율)도 마찬가지예요. 높아졌다 내려가는 멜로디, 갑자기 커졌다 작아지는 음의 변화는 우리 감정을 자연스럽게 따라 움직이게 하는 힘이 있답니다.

음악은 전 세계 공통의 감정 언어예요

음악은 인류가 말보다 먼저 사용해 온 감정 표현의 도구예요. 말을 하지 않아도, 소리의 높낮이, 빠르기, 세기만으로 슬픔, 기쁨, 놀람, 따뜻함 같은 감정을 전달할 수 있어요. 놀라운 사실은, 어느 나라 사람이든, 밝고 경쾌한 음악을 들으면 '기쁘다'고 느끼고, 느리고 낮은음의 음악을 들으면 '슬프다'고 느낀다는 점이에요.

이것은 음악이 단순한 '소리'가 아니라, 전 세계 사람들이 공유하는 '감정의 언어'라는 뜻이죠.

음악은 기억 속 감정까지 불러와요

어떤 음악을 들으면, 예전에 있었던 일이 갑자기 떠오르거나 그때 느꼈던 감정이 되살아나는 경험, 해 본 적 있나요?

그 이유는 음악이 '기억'과 '감정'을 동시에 자극하는 힘이 있기 때문이에요. 음악을 들으면 뇌의 해마(기억 저장소)와 편도체(감정 처리 부위)가 함께 작동해서 추억과 감정을 동시에 꺼내 줘요. 그래서 음악은 우리의 과거의 감정까지 다시 느끼게 하는 특별한 예술이에요.

예술 속에서 만나는 음악과 감정

〈사계〉(비발디)	봄, 여름, 가을, 겨울의 느낌을 소리로 표현한 음악이에요. 듣다 보면 바람, 햇살, 비, 눈이 연주 속에 느껴져요.
피아노곡 〈월광〉(베토벤)	조용한 밤하늘 아래 슬픔과 평화를 담은 곡이에요.
영화 음악	영화 속 장면의 감정을 더 크게 느끼게 해 줘요. 예를 들어, 모험 장면에서는 웅장한 음악이, 이별 장면에서는 서정적인 멜로디가 흐르죠.

확장 활동

감정을 음악으로 그리고, 음악처럼 살아 보기

1. 감정을 그리는 '소리 그림 작가' 되기

❖ **활동 목표**

음악 속 감정을 '들리는 그림'으로 표현하며, 감각과 상상력을
시각적으로 연결해 본다.

❖ **활동 방법**

1. 선생님이 들려주는 음악 한 곡(또는 친구가 고른 곡)을 조용히 감
   상해요.

2. 눈을 감고 떠오르는 장면이나 느낌, 색깔, 움직임을 머릿속에 떠올려 보세요.

3. A4 종이나 디지털 도구를 활용해

  - 소리의 움직임을 선으로
  - 감정을 색으로
  - 분위기를 도형이나 상징으로 표현해 보세요.

4. 그림 아래에는 제목과 함께 다음 문장을 이어 써 보세요.

  "이 음악은 내 마음에 ○○○○ 같은 느낌을 주었어요."

❖ 응용 활동

  - 친구들과 그림을 바꾸어 보며 음악의 감정을 맞혀 보세요.
  - 함께 '감정 음악 벽화'를 그려 볼 수도 있어요.
  - 한 곡으로 여러 버전의 감정 그림을 비교해 보세요.

2. 내 마음을 들려주는 '감정 DJ 다이어리'

❖ **활동 목표**

하루의 감정들을 돌아보고, 그 감정에 어울리는 음악을 상상하여 나만의 '감정 플레이리스트'를 만든다.

❖ **활동 방법**

1. 오늘 하루를 돌이켜 보고, 가장 기억에 남는 감정 3가지 순간을 적어요.

> **예**
> - "아침에 늦잠 자서 마음이 급했어요."
> - "점심시간에 친구랑 웃으며 놀았어요."
> - "숙제를 생각하니 머리가 복잡했어요."

2. 각 감정에 어울리는 상상의 음악을 만들거나 실제 곡을 찾아 연결해 보세요.

- 리듬은 빠를까 느릴까?
- 악기는 무엇이 어울릴까?
- 가사가 있다면 어떤 내용을 담고 있을까?

3. 한 장의 '감정 사운드트랙 일기 카드'를 만들어 보세요.

- 감정 이름

- 어울리는 음악 제목 또는 상상의 곡 이름

- 상징 이미지(간단한 스티커나 드로잉)

- 한 줄 설명(예 "이 순간, 내 마음은 ○○○ 같은 소리였어요.")

❖ 응용 활동

- 사운드트랙 일기를 이어서 '한 주의 감정 앨범'으로 확장해 보세요.

- Canva나 Book Creator를 활용해 디지털 버전으로 만들어도 좋아요.

- 다른 친구가 만든 사운드트랙에 그림을 덧붙이는 '크로스 감정 예술' 협업 활동도 해 보세요.

음악 이야기

- 장면을 기억하게 만드는 것은 결국, 음악

마음속의 OST

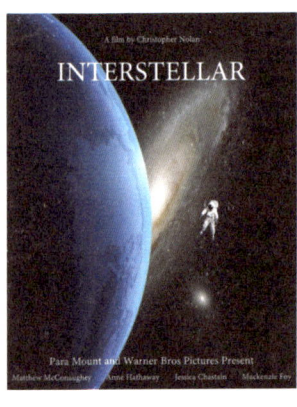

"그 장면이 왜 그렇게 기억에 남을까요?" 누군가 영화 이야기를 할 때, 보통은 배우나 대사, 멋진 장면을 떠올려요. 하지만 정작 그 기억의 가장 깊은 곳을 건드리는 것은 '음악'일지도 몰라요.

말을 대신하는 음악

- 엔니오 모리꼬네(Ennio Morricone)의 마법

서부영화 하면 떠오르는 하얗게 빛나는 사막, 말발굽 소리, 먼지 날리는 총싸움. 그 장면에 빠질 수 없는 것이 있어요. 바로, 전설적인 영화 음악가 엔니오 모리꼬네(Ennio Morricone)의 OST예요.

그의 대표작 「황야의 무법자」(The Good, the Bad and the Ugly)에서는 휘파람 소리 하나가 수천 마디 대사보다 더 긴장감 있게 분위기를 압도하죠. 그 음악을 들으면, 화면이 없어도 사막과 총잡이, 침묵과 응시가 머릿속에 그려져요.

엔니오 모리꼬네는 악기 하나하나에 인물의 감정과 공간의 온도를 담았어요. 마치 음악으로 장면을 '그리는' 화가 같았죠.

그래서 많은 영화 팬들은 말해요.

"모리꼬네 음악이 없었다면, 그 영화는 지금처럼 전설이 되지 못했을 거예요."

우주를 울리는 소리
- 「인터스텔라」와 한스 짐머(Hans Zimmer)

그렇다면 미래로 가 볼까요? 2014년 영화 「인터스텔라」를 본 사람들은 마지막 장면보다도 그 배경에 흐르던 음악을 더 선명하게 기억해요.

이 영화의 음악을 만든 사람은 바로 한스 짐머(Hans Zimmer).

그는 우주에 관한 이야기를 거대한 오르간 소리, 불안한 현악, 숨죽이는 음의 반복으로 표현했어요.

특히 'Cornfield Chase'나 'Stay', 'Mountains' 같은 곡은 대사가 거의 없는 장면에서도 사랑, 두려움, 시간의 흐름, 이별의 감정을 깊이 있게 전해 주죠.

한 장면, 한 음악. 그 두 가지가 함께 했을 때 기억은 영화보다 더 강하게 남아요.

왜 OST는 우리 기억에 남을까요?

- 장면과 감정이 함께 기억되기 때문이에요.
  - 음악은 뇌의 감정 중추와 기억을 동시에 자극하니까요.
- 음악은 말보다 먼저 마음에 닿기 때문이에요.
  - 슬픈 장면을 더 슬프게, 평범한 장면을 특별하게 만들어 주죠.
- 음악은 눈보다 귀로 느끼는 그림이에요.
  - 그 소리를 들으면, 장면이 저절로 떠오르죠.

「업(Up)」

Married Life -마이클 지아치노

대사 없이 음악만으로 보여 주는 '칼과 엘리의 인생 이야기' 장면은 많은 사람을 울렸어요. 경쾌하게 시작되지만 이내 잔잔하고 아련하게 흐르며, 시간이 흘러가는 속도, 사랑과 이별의 깊이를 음악만으로 전해 줘요.

「해리 포터」

Hedwig's Theme -존 윌리엄스

하늘을 나는 부엉이처럼, 이 음악이 들리면 마법의 세계 문이 열리는 듯한 느낌이 들어요.

하프와 종소리처럼 울리는 오프닝 멜로디는 이야기의 신비로움, 기대감, 그리고 어린 시절의 상상력을 떠올리게 하죠.

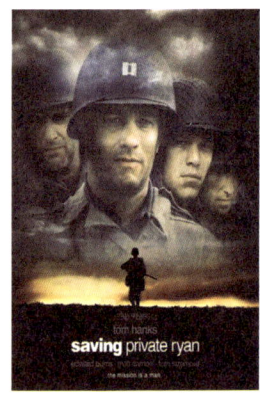

「라이언 일병 구하기」

Hymn to the Fallen –존 윌리엄스

전쟁의 참혹함을 보여 주는 영화지만, 이 음악은 총성이 멈춘 뒤 사람과 기억을 위한 조용한 헌사처럼 울려 퍼져요. 웅장하면서도 절제된 합창과 현악기의 흐름은 슬픔과 존엄함, 평화에 대한 바람을 담고 있어요.

「센과 치히로의 행방불명」

One Summer's Day -히사이시 조

일본 애니메이션의 거장 미야자키 하야오 감독과 음악가 히사이시 조의 대표적 협업 곡이에요. 조용히 시작되는 피아노 선율은 치히로가 겪는 두려움, 용기, 그리고 그리움을 말없이 대신 전해 줘요. 이 곡을 들으면 마치 잊고 지낸 어린 시절 여름방학의 오후가 떠오르고, 말보다 먼저 마음속 풍경이 스며들여 감정을 물들여요. 그래서 이 음악은 많은 사람에게 '처음으로 사랑하게 된 애니메이션 OST'로 남아 있어요.

「인사이드 아웃」

Bundle of Joy -마이클 지아치노

기쁨이란 감정의 이름처럼, 통통 튀는 음들이 아이의 마음을 말해 줘요.

단순한 선율이지만, 감정이 얼마나 소중한지, 작은 기쁨이 어떻게 하루를 바꿀 수 있는지 느끼게 하지요.

6장
나의 문화, 너의 문화

비교 글·스토리보드

중심 개념

문화(Culture)

관련 개념

다양성(Diversity)
정체성(Identity)
비교(Comparison)

사고 개념

관점(Perspective)

연계 교과

- 사회: 세계와 지역 문화 비교하기·다양한 생활 방식 존중하기
- 국어: 문화 관련 글 읽고 쓰기·경험과 비교해 표현하기
- 도덕: 문화 다양성 존중하기·타인의 감정 공감하기

탐구 질문

❖ 문화는 우리의 생각과 감정을 어떻게 다르게 표현할까요?

교과서 속

연결 이야기

사회와 국어, 도덕 시간에서도 서로 다른 문화를 이해하고 존중하는 활동을 배우게 돼요.

사회에서는 우리 생활과 세계 여러 지역의 문화를 비교하며 다양성을 살펴보고, 서로 다른 생활 방식과 전통을 존중하는 태도를 배워요. 같은 감정이라도 문화마다 표현 방식이 다를 수 있음을 이해하면서, 차이를 틀림이 아닌 다름으로 받아들이는 관점을 키우게 되지요.

국어에서는 글과 말로 문화의 다양성을 이해하고 표현하는 연습을 해요. 다른 문화에 대한 글을 읽고 중심 생각을 찾거나, 자신의 경험과 비교해 느낌을 글로 정리하면서 문화적 차이를 언어로 풀어내는 힘을 기릅니다. 표현을 통해 생각을 나누며, 서로 다른 문화적 시선을 이해하는 경험도 하게 돼요.

도덕에서는 다양한 문화와 전통을 존중하고, 타인의 감정을 공감하는 태도를 배워요. 음악, 인사, 감사의 표현처럼 문화에 따라 달라지는 모습을 존중하면서, 다름 속에서 서로의 마음을 이어가는 법을 배우게 되지요.

따라서 '나의 문화, 너의 문화' 활동은 사회의 문화 다양성 탐구, 국어의 언어적 표현, 도덕의 공감 학습을 자연스럽게 이어주는 과정이에요. 학생들은 서로 다른 문화의 표현 방식을 배우고 존중하면서, 세계시민으로서의 관점을 넓혀 가는 즐거움을 느낄 수 있어요.

다른 인사, 같은 마음

　이안이는 방글라데시에서 전학 온 친구, 사미르와 처음 인사했을 때 조금 당황했어요.

　사미르는 손을 흔들지도, 허리를 숙이지도 않았고, 대신 두 손을 가슴 앞에 모으고 살짝 고개를 끄덕였거든요.

　'왜 인사를 그렇게 하지?' 이안이는 속으로 생각했어요.

　그런데 며칠 뒤, 사미르는 이안이가 젤리를 나눠 준 것에 대해

자기 나라에서 쓰는 전통 손동작과 함께 "고마워요."라고 말했어
요. 말은 조금 서툴렀지만, 그 표정과 손짓에서는 진심이 느껴졌
어요.

그날 이안이는 깨달았어요.

표현하는 방식은 다르지만, 전하고 싶은 마음은 같을 수 있다는
것을요.

고마워요!

우리랑 표현 방식이
다르구나.

문화마다 감정 표현도 다를 수 있어요

문화마다 감정 표현도 다를 수 있어요

문화는 우리가 사는 곳, 자라 온 환경, 가족, 언어, 믿음, 생활 방식

등 삶을 바라보는 방식을 만들어 주는 큰 틀이에요.

우리가 웃고, 인사하고, 고맙다고 말하는 방법도 모두 우리 문화가

알려 준 표현 방식이에요.

예를 들어,

- 어떤 나라에서는 '눈을 맞추는 것'이 정중함을 뜻하지만, 또 다른 나라에서는 '예의가 없는 행동'일 수 있어요.
- 어떤 문화에서는 감정을 솔직하게 표현하는 것이 자연스럽고, 어떤 문화에서는 조용히 참는 것이 성숙함으로 여겨지기도 해요.

이처럼 문화에 따라 같은 감정도 전혀 다르게 표현될 수 있어요. 문화는 우리가 무엇을 느끼고, 어떻게 표현하는지에 영향을 줘요. 하지만 표현 방식이 다르다고 해서 감정이 다르다는 것은 아니에요. 서로의 문화 표현을 존중하고 이해하려는 태도는, 더 넓은 세계를 배우고 친구가 되는 가장 멋진 방법이에요.

"우리의 표현은 다르지만, 마음은 이어질 수 있어요."

나라마다 다르게 표현해요!

우리가 기쁠 때, 인사할 때, 고마울 때 어떻게 표현하나요?

"그야 웃거나, 손을 흔들거나, '고마워!'라고 말하죠!"라고 말할 수도 있지만, 다른 나라 사람들은 조금 다르게 표현할 수 있어요.

자, 전 세계 친구들은 감정을 어떻게 표현할까요?

기쁨 - 기쁠 때는 어떻게 표현할까요?

한국에서는 웃음소리와 박수, 큰 몸짓으로 기쁨을 표현하는 일이 많아요. "와아~!", "진짜 좋다!" 하고 말하면서 친구들과 함께 반응을 나누죠.

미국이나 필리핀, 브라질 등도 마찬가지예요. 하이 파이브, 큰 소리로 웃기, 소리 지르기 등 감정을 솔직하게 드러내는 표현이 많아요.

반면에 일본에서는 기쁠 때도 조용한 미소로 표현하는 경우가 많아요. 큰 소리를 내거나 반응이 크면 상대방에게 부담이 될 수도 있다고 생각하죠.

핀란드나 독일 같은 나라에서도 감정을 크게 드러내기보다는 조용히 표현하는 경향이 있어요. 기뻐도 가볍게 웃거나 "좋네." 하고 짧게 말하는 경우가 많답니다.

인사 - 인사 방법도 정말 다양해요!

우리는 주로 고개를 살짝 숙이는 묵례, 또는 "안녕하세요~" 하고 말하면서 손을 흔드는 인사를 많이 해요.

하지만 나라에 따라 인사법은 정말 다양해요!

일본

인사할 때 허리를 깊이 숙여 절을 해요. 절의 깊이에 따라 존중의 정도가 달라져요.

인도

인사할 때 양손을 가슴 앞에서 합장하며 "나마스테"라고 말해요. 이 동작은 상대에 대한 존경과 평화를 상징해요.

프랑스

친한 사람끼리는 뺨을 맞대며 인사하기도 해요.(보통 오른쪽–왼쪽으로 가볍게 두 번, 지역에 따라 세 번까지도!)

태국

와이(Wai)라고 부르는 전통 인사로, 손을 모은 채 고개를 숙여요.

미국, 캐나다

주로 악수 또는 하이! 하며 손 흔들기로 인사해요. 어린이들은 하이 파이브도 자주 해요.

뉴질랜드 마오리족

'홍이(hongi)'라고 해서, 이마와 코를 맞대는 인사를 해요. 서로 숨을 나눈다는 뜻이래요!

감사 - 고마울 때 어떻게 표현할까요?

서양 문화에서는 "Thank you!", "Thanks a lot!"처럼 말로 고마움을 표현하는 것이 아주 자연스러워요. 심지어 문을 열어 준 것 하나에도 "Thanks!"를 빠뜨리지 않죠.

반면에 한국, 일본, 중국 같은 동양 문화권에서는 감사를 말보다 행동이나 태도로 전할 때가 많아요.

- 한국: 음식을 나눠 주거나, 말없이 간식을 책상 위에 올려놓는 경우가 있어요. 또, "됐어요~ 괜찮아요~"라고 말하면서 사실은 고마움을 표현하기도 해요.

- 일본: "아리가토(ありがとう)"라고 말하면서 고개를 숙여 정중하게 인사해요. 고마울수록 절의 각도가 커져요!

- 중국: "쉐쉐(谢谢)"라고 말하며 미소를 짓거나 가볍게 고개를 끄덕여요.

- 이탈리아: 고마움을 전할 때 "그라찌에(Grazie)"라고 활기차게 말하며 미소를 짓는 문화가 있어요.

- 멕시코: 감사의 표현으로 작은 선물이나 음식을 나누는 문화도 있어요.

"말보다 눈치? 눈치보다 말?" - 문화 표현의 두 얼굴

'고 맥락' 문화와 '저 맥락' 문화 이야기

"왜 저 친구는 그렇게 돌려 말하지?"

학교에서 어떤 친구는 말하지 않아도 표정만 보면 기분을 알 수 있어요. 그런데 또 어떤 친구는 기분이 좋거나 싫으면 말로 아주 정확하게 이야기하죠.

이처럼 사람들이 감정이나 생각을 표현하는 방식은 문화마다 다를 수 있어요.

어떤 문화는 말보다 분위기나 눈빛이 중요하고, 어떤 문화는 말로 정확하게 설명하는 것이 중요해요.

이 차이를 설명하는 말이 바로 '고 맥락(High Context)' 문화와 '저 맥락(Low Context)' 문화예요!

말 안 해도 알지? – 고 맥락 문화

고 맥락 문화에서는 말보다 분위기, 표정, 몸짓, 눈빛이 더 중요해요. 말을 적게 해도 상대방이 알아서 이해해 주길 기대하죠.

❖ 예를 들어

- "알아서 해~" 라고 말하면

  → "당연히 내가 뭘 원하는지 알겠지?"

- "괜찮아요." 라고 말하지만

  → 진짜 괜찮다는 뜻이 아닐 수도 있어요!

❖ 대표적 예

한국, 일본, 중국, 브라질, 사우디아라비아 등

❖ 고 맥락 문화 사람들의 특징

- 말보다는 관계와 분위기를 중요하게 생각해요.

- 돌려 말하거나 부드럽게 표현하는 것을 예의라고 여겨요.

- 서로 비슷한 배경이나 문화를 공유하고 있다고 믿어요.

똑똑하게 말할게! – 저 맥락 문화

저 맥락 문화에서는 말로 정확하게 표현하는 것이 가장 중요해요.

"모를 수도 있으니, 정확히 설명해야 해!"라는 생각을 하고 있죠.

❖ 예를 들어

- "이렇게 해 주세요. 이유는 이렇고요."

- "난 이 의견에 반대예요. 내 생각은 이래요."

❖ 대표적 예

미국, 영국, 독일, 호주, 핀란드 등

❖ 저 맥락 문화 사람들의 특징

- 솔직하고 직접적인 표현을 중요하게 생각해요.

- 오해를 피하려고 말로 다 설명하려고 해요.

- 다양한 사람들이 함께 살기 때문에, 맥락보다는 말 자체가 중요해요.

비교해 볼까요?

구분	고 맥락 문화	저 맥락 문화
표현 방식	돌려 말해요 눈치도 중요!	말로 직접 말해요!
정보 전달	분위기와 관계를 보고 알아요	말에 다 설명해요
갈등 해결	조용히 넘어가거나 눈치 봐요	솔직하게 말하고 토론해요
토론해요	"그냥 그래요~" (← 여러 의미 가능)	"난 반대예요. 이유는~"

진짜 재미있는 문화 예시!

- 한국에서 "괜찮아요." → 진짜 괜찮다는 뜻일 수도 있고, "아닌데 말은 못 하겠어요…."일 수도 있어요.

- 일본에서 "네(はい)." → "네!"가 아니라 "네, 듣고 있어요."일 수도 있어요.

- 미국에서는 "I'm fine." → 말 그대로 "문제없어요."라는 뜻이 많아요.

왜 서로 오해할까?

- 고 맥락 문화 사람은, 저 맥락 문화의 솔직한 말을 차갑거나 예의 없다고 느낄 수 있어요.
- 저 맥락 문화 사람은, 고 맥락 문화의 암시나 돌려 말함을 모호하거나 답답하게 느낄 수 있어요.

다름을 알아야 진짜 친구가 될 수 있어요

요즘은 여러 나라에서 온 친구들과 함께 공부하고 일하는 세상이에요. 그래서 서로의 문화 표현 방식을 알고, 다른 방식도 틀린 것이 아니라 다르다는 것을 이해하는 것이 정말 중요해요!

"말이 다르다고 마음까지 다른 것은 아니야!"

"표현이 달라도, 우리는 서로 이해할 수 있어요."

- 내가 속한 문화에서 감정을 표현하는 방법에는 어떤 것이 있나요?

- 다른 나라의 문화에서는 같은 감정을 어떻게 다르게 표현할까요?

- 표현 방식이 다르면 오해가 생기기도 하나요?

- 문화가 다르면 감정 그 자체도 다르게 느껴질까요?

확장 활동

다르게 표현하고, 함께 느끼기

1. 감정 표현 세계지도 & 나의 문화 카드 만들기

세계 각국의 감정 표현 방식을 조사하고 시각화하며 자신의 문화
표현 방식도 함께 돌아보는 활동이에요.

준비물

인쇄된 세계지도 큰 종이, 이모티콘 스티커, 말풍선 그림 카
드, 색연필, 포스트잇

'나의 문화 아이덴티티(정체성) 카드' 템플릿(개별 작성용)

❖ 활동 방법

1. 감정 주제 고르기

   (예 기쁨, 감사, 인사, 사과, 축하 중 하나 또는 두 개 선택)

   2. 문화 조사 및 표현 정리

   ▪ 5개 나라를 선택해 해당 감정이 어떻게 표현되는지 조사해요.

     (말, 몸짓, 표정 등)

   ▪ 간단한 말풍선, 그림, 이모티콘 등으로 표현해요.

3. '감정 표현 세계지도' 꾸미기

   조사한 내용을 큰 지도 위 각 나라 위치에 붙여요.

   > 예
   >
   > ▪ 인도: "나마스테"
   >
   > ▪ 미국: "Thanks!!"
   >
   > ▪ 일본: "아리가토"
   >
   > ▪ 프랑스: 뺨 맞대기 인사

4. '나의 문화 아이덴티티 카드' 만들기(개별 작성)

   ▪ 내가 자주 쓰는 감정 표현을 하나 골라요.

   ▪ 표현 방법과 이유, 그 표현에 담긴 문화적 의미를 짧게 적어요.

5. 지도 전시 + 카드 발표

   ▪ 지도를 전시해 보고, 각자 자신의 카드도 함께 소개해요.

2. 감정 표현 문화 바꾸기 역할극

> **준비물**
>
> 역할극 상황 카드(예 생일 축하 / 고맙다고 전하기 / 친구 만나기)
>
> 문화 선택표(예 한국식 VS 미국식 / 일본식 VS 독일식 등)

❖ 활동 목표

같은 감정을 문화에 따라 어떻게 다르게 표현하는지를 몸으로
직접 느끼고 비교한다.

❖ 활동 방법

1. 모둠별로 역할극 주제 뽑기

   (예 "생일 축하해요!", "고맙다고 말해요", "처음 만났을 때 인사해요")

2. 두 나라의 표현 방식 조사 & 비교

문화별 감정 표현 방식을 찾아보고 어떻게 다르게 말하거나 행동하는지 정리해요.

3. 역할극 연습 & 발표

같은 상황을 두 문화 버전으로 바꿔 연기해요.

예

- 한국식: "생일 축하해~"+선물+부끄러운 미소

- 미국식: "Happy birthday!!!"+큰 포옹+케이크 서프라이즈

4. 문화 표현 비교 말풍선 만들기(역할극 발표 후)

- 친구들의 연기를 보고, 느낀 점을 말풍선에 적어 공유해요.

- "이 표현이 더 따뜻하게 느껴졌어요."

- "생소했지만 재미있었어요!"

5. 마무리 토론 질문(선택)

- 가장 인상 깊었던 문화 표현은 무엇이었나요?

- 나에게 익숙한 방식과 다른 문화를 이해하는 데 어려움이 있었나요?

- 앞으로 어떤 문화 표현도 존중하고 배워 보고 싶나요?

7장

그림책 속 감정 따라가기

시각적 문해력(Visual Literacy)

중심 개념

시각적 문해력
(Visual Literacy)

관련 개념

해석(Interpretation)
감정(Emotion)
상상(Imagination)

사고 개념

연결
(Connection)

연계 교과

- 국어: 문학 작품 속 글과 그림을 함께 읽고 인물의 감정을 해석하며 언어로 표현하기
- 미술: 색과 선, 구도를 활용해 감정을 시각적으로 해석하고 표현하기
- 도덕: 인물의 마음에 공감하며 자신의 감정과 타인의 감정을 존중하기

탐구 질문

❖ 그림책의 그림과 글은 어떻게 감정과 이야기를 함께 전달할까요?

교과서 속

연결 이야기

그림책은 글과 그림이 함께 감정을 전하는 특별한 책이에요. 국어, 미술, 도덕 시간에서 배운 내용을 통해 그림책을 더 깊이 이해할 수 있습니다.

국어에서는 글과 그림이 어우러진 문학 작품을 읽고 감상하며, 인물의 마음과 상황을 해석하는 활동을 합니다. 그림책 속 장면을 바탕으로 이야기를 상상하거나 이어 쓰며 문학적 상상력을 기르고, 글과 그림이 함께 전하는 감정을 언어로 표현하는 힘을 키워 갑니다.

미술에서는 이미지 속 의미를 읽고 그림으로 이야기를 만들어 내는 경험을 합니다. 색, 선, 구도 같은 시각적 요소를 활용해 감정을 표현하고, 그림 속 장면을 해석하며 상상력을 넓혀 갑니다.

도덕에서는 자신의 감정을 이해하고, 다른 사람의 감정을 존중하는 태도를 배워요. 그림책 속 인물의 마음을 들여다보며 공감하고, 감정을 서로 존중하는 방법을 익히게 됩니다.

따라서 '그림책 속 감정 따라가기' 활동은 국어의 문학적 감상과 언어 표현, 미술의 시각적 해석과 표현, 도덕의 감정 공감을 자연스럽게 연결합니다. 학생들은 그림책을 통해 감정과 이야기를 함께 읽고 해석하며, 풍부한 표현력과 상상력을 기르게 됩니다.

그림도 말을 해요

지아는 도서관에서 조용히 그림책을 읽고 있었어요.

그런데 페이지를 넘기던 중, 갑자기 눈물이 또르르 흘렀어요. 글은 짧았지만, 그림 속 주인공의 얼굴과 배경 색깔, 흐릿한 선들에서 마음이 외롭고 속상하다는 것을 말하지 않아도 느낄 수 있었던 거예요.

그림책을 다 읽고 난 지아는 말했어요.

"이야기를 전달해 주는 것은 글뿐만이 아니구나. 그림도 나한테 말을 걸고 있었어."

그림책은 '이중 언어'로 이야기해요

그림책은 글과 그림이 함께 이야기를 들려주는 책이에요.

글만 읽는 책과는 다르게, 그림책은 눈으로도 감정을 느낄 수 있는 책이에요.

그림책은

- 글은 등장인물의 말과 행동, 생각을 보여 줘요.
- 그림은 장면의 분위기, 색감, 표정, 배경으로 말하지 못한 감정을 보여 줘요.

두 가지가 만나서, 우리는 더 풍부하게 이야기와 감정을 느낄 수 있는 거예요. 이것이 바로 '연결(Connection)'의 힘이에요.

그림이 전해 주는 감정들

그림책의 그림은 말보다 더 빠르게 감정을 전달할 수 있어요.

왜냐하면 우리는 색깔, 선, 표정, 자세 같은 시각 요소를 통해 마음 상태를 상상할 수 있기 때문이에요.

그림	색깔, 형태	느낌
	어두운 회색과 푸른 배경	슬픔, 외로움, 두려움
	따뜻한 노란빛과 부드러운 곡선	기쁨, 포근함, 안정감
	화난 표정 뾰족한 선들 빨간색 배경	분노, 긴장감

이런 시각적 요소는 글로는 설명되지 않는 감정을 보충해 줘요. 그래서 독자는 자기만의 해석(Interpretation)으로 감정을 느끼고 상상하게 되는 거예요.

그림책은 그림과 글이 손을 잡고, 우리가 말하지 못했던 감정, 상상하지 못했던 이야기를 들려줘요. 어쩌면 눈으로 읽고, 마음으로 듣는 책이 바로 그림책일지도 몰라요.

"그림이 말을 하고, 글이 그림처럼 느껴질 때, 진짜 이야기가 시작돼요."

확장 활동

감정을 읽고, 그림으로 말하기

1. 그림책 속 감정 탐정

❖ **활동 목표**

그림책 속 인물의 감정 흐름을 그림과 글로 분석하고, 감정이 어떻게 시각적으로 표현되는지를 살펴본다.

❖ **활동 방법**

1. 전 세계 그림책 중 1권을 선택해 읽기

(예 『꼬마 니꼴라』, 『알록달록 엘머』, 『괴물들이 사는 나라』 등)

2. 다음 항목을 중심으로 '감정 분석 노트' 작성

   - 등장인물의 감정 흐름(변화 시점 포함)을 기록해요.

   - 감정을 표현한 색깔, 선, 표정, 배경의 특징을 써요.

   - 가장 인상 깊었던 장면의 그림과 이유를 적어요.

3. 글과 함께 해당 장면을 간단히 그림으로 재현하거나, 감정 색

   깔 팔레트로 표현

4. 모둠 또는 전체 앞에서 발표

   - "나는 이 장면에서 주인공이 ○○했을 것 같아요. 왜냐하

     면⋯."

   - 친구들의 해석과 비교해요.

❖ 응용 활동

   - 같은 책을 읽은 친구들과 서로 다른 감정 해석을 비교해요.

   - 대사 없이 그림만 보고 "이 장면은 이런 감정일까?" 하고 생각

     해 보는 감정 인터뷰 게임을 해요.

2. 내가 만드는 그림책 한 장면

❖ 활동 목표

그림책에서 본 감정 표현 방식을 바탕으로 자신만의 감정 장면을 창작해 보고 발표한다.

❖ 활동 방법

1. 표현하고 싶은 감정 하나 선택

(예 기쁨, 두려움, 외로움, 희망 등)

2. 그 감정을 담은 한 장면 그림책을 직접 구성

- 글은 짧은 설명이나 대사로 써요.
- 그림은 감정이 느껴지도록 색, 선, 구도를 활용해요.
- 그림 도구는 자유롭게 사용해요.

3. 제목 붙이기 & 감정 표현 의도 설명문 작성

- "이 장면에서는 ○○한 감정을 ○○색과 ○○ 표정으로 표현했어요."

4. 모둠 또는 전시회 형식으로 발표

- 그림책의 한 장면을 낭독하고, 느낀 감정을 설명해요.

- 다른 친구들의 장면을 보고 공감하거나 질문을 적어요.

❖ 응용 활동

- 친구가 만든 그림책 장면을 보고 전체 스토리를 상상해 써 보세요.
- 『꼬마 니꼴라』 스타일로 자신의 일상을 장면으로 표현해 보세요.

책 이야기

우리나라의 그림책, 감정을 그리다

그림책은 단순히 줄거리를 읽는 책이 아니에요. 그림 속 색깔과 인물의 표정, 배경의 선 하나하나까지도 감정과 이야기를 함께 말해 주는 책이랍니다. 그림책 속에는 이렇게 눈에 보이지 않는 감정이 숨겨져 있어요. 지금부터 몇 가지 대표 그림책을 감정 표현 요소별로 함께 들여다볼까요?

『구름빵』(백희나 글·그림)은 비 오는 아침, 고양이 남매가 주운 구름으로 엄마가 빵을 만드는 이야기로 시작돼요. 그 빵을 먹으면 하늘을 날 수 있게 되고, 아이들은 아빠에게 우산을 전해 주러 하늘을 날아가죠. 이야기의 시작은 흐릿한 회색빛으로 비 오

는 아침의 적막함과 조용함을 보여 주지만, 구름빵이 구워지고 아이들이 날기 시작할 무렵부터는 노란 햇빛과 따뜻한 색조가 페이지를 채워요. 색의 변화만으로도 희망, 가족의 따뜻함, 기쁨이 그림 속에서 자연스럽게 전달되지요. 아이들이 날아가는 하늘은 부드러운 곡선과 밝은 파란색으로 표현되어 가벼움과 자유로움이 느껴져요.

『강아지 똥』 (권정생 글·정승각 그림)은 길가에 버려져 쓸모없다고 여겨진 작은 강아지똥이 자신의 존재 의미를 찾아가는 이야기예요. 처음 장면에서 강아지똥은 다른 동물들에게 더럽고 가치 없는 존재로 무시당하며 외로움과 슬픔을 느끼죠. 그림 속 강아지똥은 갈색과 회색의 어두운 색조로 표현되어, 작고 초라한 존재의 외로움이 잘 드러나요. 그러나 봄이 찾아오고, 민들레 싹이 강아지똥 옆에 자라나면서 이야기는 전환점을 맞이해요. 민들레는 강아지똥의 영양분 덕분에 노란 꽃을 활짝 피우고, 강아지똥은 비로소 자신이 누군가의 삶에 필요한 존재임을 깨달아요. 이 순간 그림은 환한 노란색과 따뜻한 녹색으로 가득 차며 생명의 기쁨과 희망을 전해 줘요. 작은 존재가 가진 가치와 사랑의 의미가 색과 장면의 변화 속에 자연스럽게 스며 있는 작품이에요.

『마당을 나온 암탉』(황선미 글·김환영 그림)은 닭장 속 답답한 삶을 벗어나 자유를 찾은 암탉 '잎싹'의 여정을 그린 작품이에요. 닭장 안의 어두운 색조와 눌린 구도는 억압과 단조로운 삶을 보여주지만, 잎싹이 마당과 자연으로 나아가면서 장면은 점차 밝아지고, 푸른 들판과 햇살이 가득한 풍경으로 바뀌며 해방과 희망을 드러내요. 무엇보다 절정의 장면은 잎싹이 끝내 청둥오리를 지켜내고, 새끼가 푸른 하늘로 날아오르는 순간이에요. 이미지 속에서는 노란빛 하늘이 따뜻한 배경을 이루고, 오리가 힘차게 날아오르는 역동적인 선이 자유와 희망을 상징해요. 아래에서 올려다보는 다른 새들의 시선은 경외와 놀라움을 담고 있어, 작은 존재의 사랑과 희생이 만들어 낸 위대한 순간임을 강조하죠. 이처럼 색과 구도, 시선 처리의 변화를 통해 이야기는 억눌린 삶에서 자유로움으로, 자기만을 위한 삶에서 타인을 위한 사랑과 희생으로 나아가는 여정을 강렬하게 전달하고 있어요.

『알사탕』(백희나 글·그림)은 마음을 들을 수 있는 특별한 사탕을 통해 세상을 다르게 바라보게 된 동동이의 이야기예요. 그중 가장 인상 깊은 장면은 동동이가 돌아가신 할아버지의 마음을 듣는 장면이에요. 할아버지의 얼굴은 흐릿하지만, 조용히 웃는 미소 속에 그리움과 따뜻함이 담겨 있어요. 말 한마디 없어도 그 미소 하나에 사랑과 위로가 담겨 있다는 것을 느낄 수 있어요. 이 장면에서 배경 색은 잿빛과 오렌지색이 섞이며 조용한 감정의 깊이를 보여 주고, 주변 배경은 단순하게 처리되어 감정에 집중하게 해 줘요.

책 이야기

전 세계 그림책 여행
- 다른 나라 친구들은 어떤 그림책을 읽을까요?

우리가 책을 읽을 때 가장 먼저 만나는 문학의 세계는 바로 그림책이에요. 그림책은 글과 그림이 함께 이야기하고, 감정과 상상력으로 가득한 작은 예술 작품이에요. 우리나라에도 많은 멋진 그림책이 있지만, 세계 곳곳에도 오랫동안 사랑받아 온 그림책들이 있어요. 지금부터 나라별로 유명한 그림책들을 만나 보며, 그 안에 담긴 감정과 이야기를 함께 따라가 봐요!

미국

『괴물들이 사는 나라』

모리스 센닥

장난꾸러기 맥스가 야단을 맞고 방에 갇히자, 상상 속 괴물들의 섬으로 떠나 왕이 되어 모험을 하는 이야기예요. 처음엔 화가 난 맥스였지만, 결국 엄마의 따뜻한 저녁 냄새가 그리워 다시 돌아오는 장면은 화남에서 그리움, 그리고 사랑이라는 감정의 여정을 보여 줘요. 그림은 어둡고 섬세하다가, 맥스가 마음을 바꾸는 순간 따뜻하고 밝아져요.

영국

『알록달록 엘머』

데이비드 맥키

엘머는 회색이 아닌 무지갯빛 코끼리예요. 자신과 다른 모습을 부끄러워하던 엘머는 어느 날 회색 물감을 칠해 보지만, 결국 자기다운 모습으로 돌아오면서 친구들에게 사랑받게 되는 이야기예요. 이 책은 자기다움과 다양성을 따뜻하게 전해 주고, 그림은 알록달록하고 기분 좋은 색감으로 가득해요.

프랑스

『작은 왕자』

앙투안 드 생텍쥐페리

이 책은 조금 더 긴 이야기지만, 철학적이고 감성적인 그림책으로도 널리 읽혀요. 작은 왕자가 여러 별을 여행하며 만난 어른들의 이상한 모습, 그리고 지구에서 만난 여우와의 우정, 장미에 대한 사랑 이야기는 외로움, 사랑, 책임, 이해 같은 깊은 감정을 다루어요. 섬세한 수채화 그림과 짧지만 울림 있는 글이 오랫동안 기억에 남아요.

프랑스
『꼬마 니꼴라』
르네 고시니 글, 장자크 상페 그림

'꼬마 니꼴라'는 한 명의 어린 소년이 겪는 학교와 일상 속 유쾌한 사건들을 짧은 에피소드 형식으로 그려낸 작품이에요. 처음 발표된 것은 1959년이지만, 지금 읽어도 전혀 낡지 않은 이유는 아이들의 마음과 감정을 너무나 정확하고 사랑스럽게 담고 있기 때문이에요. 니꼴라의 눈으로 바라본 세상은 조금 엉뚱하지만, 솔직하고 재치 있으며 감정이 숨김없이 드러나죠. "나는 엄청 화가 났지만, 선생님은 내가 귀엽대요." 같은 표현들은 어린이의 마음을 대변하는 동시에 어른을 미소 짓게 하는 힘이 있어요. 삽화는 화려하진 않지만 간단한 선으로 감정과 상황을 정밀하게 표현해 주며, 한 장면 속에서 수많은 감정을 읽게 해 줘요. '꼬마 니꼴라'는 그림책처럼 읽히는 감정의 미니 드라마이자, 세계 아이들이 공감할 수 있는 정서가 담긴 이야기랍니다.

일본
『스미레 할머니의 비밀』
우에가키 아유코 글·그림

바느질로 무엇이든 뚝딱 만들어 내던 스미레 할머니가 눈이 어두워져 실을 꿰기 어려워진 뒤 벌어지는 따뜻한 이야기를 담고 있어요. 비 오는 날, 손녀의 원피스를 완성하지 못해 애태우던 할머니는 개구리를 비롯한 동물 친구들의 도움을 받게 되고, 대신 그들의 찢어진 집과 물건을 고쳐 주지요. 마지막에는 이웃들이 힘을 모아 가져다준 은빛 실로 손녀의 특별한 원피스가 완성돼요. 한 땀 한 땀 바느질하듯 그려진 이 그림책은 배려와 협동의 가치를 전하며, 어른들에게는 향수를, 아이들에게는 사물에 생명을 불어넣는 상상력과 아끼는 마음을 길러 줘요.

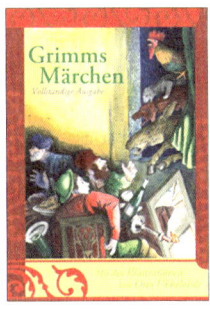

독일
『그림 형제 동화』
그림 형제

독일을 대표하는 고전으로, 여러 세대에 걸쳐 그림책으로도 사랑받아 왔어요. 헨젤과 그레텔,

백설공주, 빨간 모자 같은 이야기는 단순한 모험담을 넘어 인간의 두려움과 용기, 선과 악, 정의와 희망 같은 보편적인 주제를 담고 있지요. 숲과 오두막, 성과 마녀 같은 상징적인 장면들은 어두운 톤의 그림 속에서도 강렬한 대비와 상징으로 표현되어 깊은 인상을 남겨요. 짧고 간결한 문장 속에 담긴 교훈과 상상력은 철학적인 여운을 주며, 아이들뿐 아니라 어른들에게도 삶을 성찰하게 만드는 힘을 지닌 그림동화예요.

호주

『오리와 다클링스』

글렌다 밀라드 글, 스티븐 마이클 킹 그림

어두운 세계에서 외로운 할아버지와 손자가 부상당한 오리를 함께 돌보며 잃었던 희망과 빛을 되찾는 이야기예요. 상실과 치유, 관계의 회복을 시적인 문장과 따뜻한 유머로 풀어냈어요. 그림은 부드러운 색채와 개성 있는 선으로 감정을 깊이 표현하며, 등장인물들의 표정과 분위기를 섬세하게 드러내요.

그림책은 짧지만 깊은 감정을 담고 있어요. 어떤 책은 웃음을, 어떤 책은 눈물을, 어떤 책은 용기를 주죠. 그리고 무엇보다, 다른 나라 그림책을 읽으면 다른 문화와 감정 표현 방식도 자연스럽게 배우게 돼요. "그림책은 세계를 여행하는 첫 번째 티켓이에요. 그림 한 장, 문장 한 줄에 서로 다른 마음이 담겨 있답니다."

8장

모두를 위한 표현

공감과 배려

중심 개념

공감
(Empathy)

관련 개념

소통(Communication)
배려(Care)

사고 개념

책임
(Responsibility)

- 도덕: 친구의 공감하고 배려하며 자신의 감정을 바르게 표현하기
- 국어: 생각과 느낌을 말이나 글로 표현하며 언어로 감정을 존중하기

탐구 질문

❖ 우리는 어떻게 배려와 공감을 표현할 수 있을까요?

 교과서 속

연결 이야기

우리는 친구, 가족, 선생님과 말하고 행동하며 감정을 주고받는데, 표현하는 방법에 따라 상대방이 느끼는 기분은 크게 달라질 수 있어요. 이번 장은 도덕과 국어 교과에서 배운 공감과 배려를 생활 속 표현과 연결하며, 서로의 마음을 존중하는 소통의 방법을 탐구하는 활동이에요.

도덕 시간에는 다른 사람의 감정을 이해하고 함께 살아가는 태도를 배워요. 친구의 공감하고 배려하는 방법, 자신의 감정을 바르게 표현하는 방법을 익히며 작은 말이나 행동이 큰 위로가 될 수 있다는 것을 경험하지요. 또한, 갈등 상황에서 서로의 감정을 존중하며 해결하는 연습을 통해 바른 관계 맺기의 중요성을 깨닫게 됩니다.

국어 시간에는 언어로 마음을 나누는 법을 배우게 돼요. 상대의 기분을 고려하며 듣고 말하거나, 생각과 느낌을 글이나 말로 표현하면서 다정한 말 한마디가 상대방의 감정을 존중하는 소통이 된다는 것을 알게 되지요. 더 나아가 글쓰기와 대화를 통해 나와 다른 사람의 마음을 이해하고, 따뜻하게 표현하는 언어 습관을 기르게 됩니다.

따라서 '모두를 위한 표현' 활동은 도덕의 공감과 책임, 국어의 언어적 소통을 자연스럽게 이어줍니다. 학생들은 서로의 감정을 존중하고 책임 있게 표현하는 과정을 통해, 일상 속에서 따뜻한 소통의 힘을 배우게 됩니다.

마음 담은 행동

주원이는 체육 시간에 달리기를 하다가 발이 삐끗해 넘어졌어요. 그때 옆에 있던 하늘이가 괜찮냐고 물어봐 주고 손수건을 건네주었죠.

하늘이는 특별히 많은 말을 하진 않았지만, 그 말투와 눈빛, 행동 하나하나에 친구를 걱정하는 마음이 담겨 있었어요.

하늘이의 행동을 보신 선생님께서 말씀하셨어요.

"이게 바로 공감과 배려가 담긴 표현이란다."

표현은 말보다 마음이 먼저예요

서로를 배려하고 공감한다는 것은 단순히 "괜찮아?"라고 묻는 것을 넘어, 진심 어린 말과 행동, 표정과 눈빛, 몸짓으로 상대방과 깊이 연결되는 것입니다. 이런 표현에는 책임감(Responsibility)이 담겨 있어요. 공감하고 배려하는 표현은, 내가 느끼는 감정만큼이나 상대방의 감정을 살피고 소중히 여기는 자세에서 시작돼요.

어떤 표현이 배려와 공감이 될까요?

표현 대상	배려와 공감 표현의 예	감정과 책임이 드러나는 방식
친구가 속상할 때	"말 안 해도 괜찮아. 그냥 옆에 있어 줄게."	말보다 침묵과 함께 있어 주는 용기
친구가 실수했을 때	"나도 그럴 때 있어. 같이 고쳐 보자."	비난보다 이해로 다가가는 태도
발표가 어려운 친구에게	"내가 먼저 할게. 그다음 너도 같이 해 볼래?"	협력과 격려를 함께 표현
아픈 가족에게	편지를 쓰거나 물컵 가져다 주기	직접적인 행동과 정서적 위로

공감은 남의 마음을 '이해하려는 노력'이고, 배려는 그 마음을 '행동으로 표현하는 책임'이에요. 그리고 이 모든 표현은 소통의 다른 얼굴이에요.

우리 주변에서 찾아볼 수 있는 배려 표현

- 아침에 친구에게 "오늘 기분 어때?" 하고 물어보기
- 점심시간에 늦은 친구 자리를 챙겨 주는 행동
- 수업 시간에 친구의 말을 끊지 않고 기다리는 태도
- 다른 나라에서 온 친구의 말이 서툴러도 천천히 듣고 도와주려는 마음
- 장애가 있는 친구에게 자연스럽게 손 내밀기

이런 표현들은 거창한 것이 아니에요. 일상 속에서, 우리가 조금만 주의를 기울인다면 누구나 할 수 있는 '모두를 위한 표현'이랍니다.

말은 짧을 수 있어요. 하지만 따뜻한 말투, 다정한 눈빛, 조용한 행동 하나가 누군가의 마음을 환하게 만들 수 있어요. 그것이 우리가 가진 표현의 책임, 바로 모두를 위한 소통의 시작이에요.

"진짜 표현은, 마음에서 마음으로 이어지는 다리랍니다."

개념 이해

공감이란 무엇일까?

우리는 친구가 울면 같이 마음이 아프고, 누군가 기뻐하면 함께 웃고 싶어지기도 해요. 이런 마음을 '공감'이라고 해요. 공감은 다른 사람의 기분을 느끼고, 그 마음을 이해하려고 하는 능력이에요.

공감은 그냥 태어날 때부터 생기는 것이 아니라, 자라면서 점점 커지는 능력이에요. 마치 나무가 햇빛과 물을 받아 점점 자라는 것처럼, 공감도 주변의 경험과 연습을 통해 자라날 수 있어요.

공감은 어떻게 자라나요?

심리학자 마틴 호프만은 사람들이 공감을 느끼는 방식이 나이에 따라 달라진다고 했어요.

❖ 공감의 발달 단계

1. 감정 따라하기 단계(아기 때)

엄마가 울면 아기도 울어요. 하지만 왜 슬픈지는 아직 잘 몰라요.

2. 내 방식으로 공감하기 단계(1~2살)

친구가 넘어져서 울면 "내 인형 줄게." 하며 도와주려 해요. 하지만 친구의 기분보다는 내가 좋아하는 방법으로 위로하려고 해요.

3. 진짜 친구 마음 이해하기 단계(3살 이후)

친구가 속상해할 때 "무슨 일이 있었어?" 하고 물어보며, 그 친구의 기분을 이해하려 해요.

4. 삶 전체까지 생각하는 공감 단계(초등 고학년~중학생)

친구가 어떤 상황에 있는지, 어떤 환경에서 자랐는지도 생각하며 마음을 나눠요. 이때는 도와주는 행동도 더 따뜻하고 깊어져요.

거울 뉴런: 내 마음과 친구 마음을 이어 주는 다리

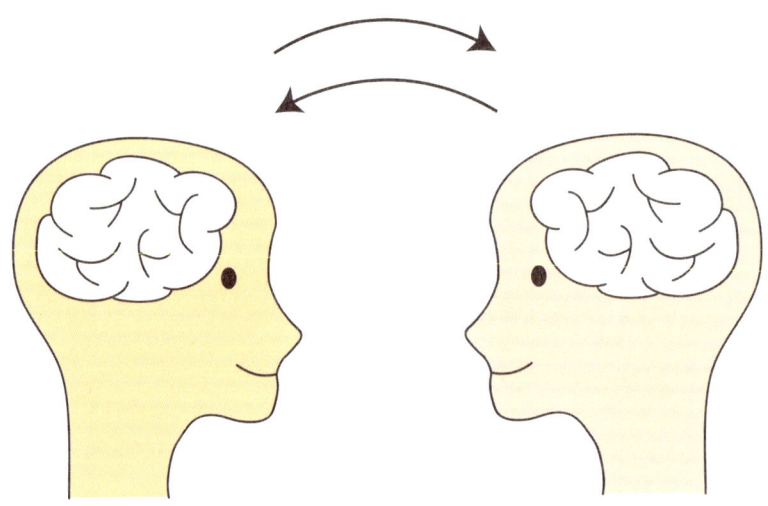

우리 뇌에는 아주 특별한 신경세포가 있어요. 바로 '거울 뉴런 (Mirror Neuron)'이라는 세포예요. 이 거울 뉴런은 내가 직접 어떤 행동을 할 때도 활성화되지만, 다른 사람이 무언가를 하는 모습을 보기만 해도 작동해요.

예를 들어, 친구가 공놀이를 하거나 넘어져서 아파하는 모습을 보면, 마치 내가 직접 공을 던지거나 다친 것처럼 뇌가 반응하는 거예요.

그래서 친구가 하품하면 나도 하품하게 되고, 친구가 울면 나도 마음이 아파지고, 친구가 무섭다고 하면 나도 괜히 긴장하게 되는 거예요. 이런 반응은 거울 뉴런이 다른 사람의 감정이나 행동을 '느끼고 따라 하도록' 돕는 뇌의 자연스러운 작용이에요.

거울 뉴런 덕분에 우리는 "내가 그 입장이었으면 어땠을까?"라고 생각하며, 친구의 마음을 느끼고 공감할 수 있어요. 놀라운 점은, 거울 뉴런과 관련된 뇌의 네트워크가 자주 사용되면 더 활성화되고 정교해진다는 거예요. 자주 공감하거나 다른 사람의 행동을 관찰할수록 이 신경 네트워크가 더 단단해지고 섬세하게 작동해요.

공감에는 어떤 힘이 필요할까요?

공감은 세 가지 힘이 함께 자랄 때 더 커져요.

1. 느끼는 힘

친구가 속상해할 때, 나도 같이 속상해지는 마음이에요.

2. 이해하는 힘

"왜 저런 기분일까?", "무슨 일이 있었을까?" 하고 생각해 보
는 힘이에요.

3. 표현하는 힘

"괜찮아?", "내가 도와줄게!" 하며 마음을 말과 행동으로 표
현하는 힘이에요.

공감은 어디서 자라날까요?

- **가정에서**

  부모님과 놀고 대화하면서 감정을 표현하고 나눌 수 있어요. 책을 함께 읽고 인물의 마음을 이야기해 보는 것도 좋아요.

- **학교에서**

  선생님과 친구들과의 활동을 통해 서로의 감정을 배울 수 있어요. 역할극이나 함께하는 놀이 속에서 공감을 연습할 수 있어요.

- **다양한 경험을 통해**

  감정 일기를 쓰거나, 다른 사람의 입장에서 생각해 보는 활동도 좋아요. 친구의 말을 잘 들어주는 '경청'도 훌륭한 공감 연습이에요.

확장 활동

마음을 읽고, 행동으로 하기

1. 공감 수집 노트 & 제3자의 시선으로 보기

❖ 활동 목표

일상 속 배려 표현을 관찰하고 기록하며, '공정한 제3자'의 관점에서 자신의 태도를 돌아본다.

❖ 활동 방법

1. 공감 표현 수집 노트

1) 친구, 가족, 선생님이 보여 준 따뜻한 말과 행동을 일주일 동안 기록해요.

2) 각 표현 옆에 "왜 이 표현이 나에게 따뜻하게 느껴졌나
요?"를 적어요.

3) 표현을 상징하는 색이나 그림으로 꾸며 '공감 노트'를 만들
어요.

2. 나의 행동을 돌아보는 제3자의 시선 활동

1) 최근 내가 했던 말이나 행동 중 기억에 남는 장면을 떠올려요.

2) 그때의 내 감정과 상대의 감정을 모두 적어요.

3) '공정한 제3자'가 그 상황을 본다면 무엇이라고 말할지 상
상해서 써요.

4) 같은 상황에서 더 공감 어린 표현은 어떤 것이었을지도 함
께 정리해요.

이 활동은 『도덕감정론』에 나오는 애덤 스미스의 공감 개념과 우리
의 일상 표현을 연결하여, '마음을 나누는 책임'을 배우는 시간이
에요.

2. 우리 집 공감 극장 & 나의 배려 포스터

❖ 활동 목표

- 가족 안에서 공감이 필요한 장면을 떠올려 대사와 행동을 직접 만든다.
- 공감과 배려를 표현하는 활동을 통해 도덕적 감수성과 상상력을 기른다.

❖ 활동 방법

1. 우리 집 공감 상황극

1) 가족과 함께 '공감이 필요한 순간'을 한 가지 정해요.

(예 동생이 혼났을 때, 가족이 아플 때, 시험을 망쳤을 때 등)

2) 각자 역할을 정하고, 그 상황에서 어떤 감정과 대화를 나누면 좋을지 생각해요.("너 속상했구나. 내가 옆에 있어 줄게." 같은 따뜻한 말도 넣어 보세요!)

3) 가족 앞에서 짧은 연극처럼 상황극을 해요.

4) 연극이 끝난 뒤, 다른 가족은 "이 장면에서 어떤 감정이 느껴졌나요?"를 이야기해요.

5) 마음에 남은 따뜻한 말을 종이에 적어 '우리 가족 공감 명언

카드'로 만들어 냉장고에 붙여 봐요!

(예 "실수해도 괜찮아, 나는 너의 용기를 봤어.")

2. 나의 배려 포스터 만들기

1) 내가 최근에 했거나 하고 싶은 '배려하는 행동'을 하나 골

라요. (예 엄마 도와드리기, 동생 달래 주기, 친구 응원하기 등)

2) 그 장면을 그림으로 그려요. 말풍선에 내가 하고 싶은 따뜻

한 말을 함께 적어요.

3) 완성한 포스터를 벽이나 방문에 붙이고, 가족이 볼 수 있게

전시해요. 우리 집만의 '공감 전시회'를 열어 보는 거예요!

공감에서 시작된 경제학
- 스미스의 숨겨진 이야기

"보이지 않는 손"이라는 말을 들어 본 적 있나요?

시장에 맡기면 알아서 돌아간다는 이 개념은 자유 경쟁과 자율 시장의 상징으로 자주 쓰여요. 그리고 이 개념을 만든 사람은 현대 경제학의 아버지라 불리는 애덤 스미스(Adam Smith)예요.

하지만 놀랍게도, 그가 처음에 중요하게 생각한 가치는 돈이나 이익이 아니라, 공감과 도덕이었답니다.

시대 배경 - 변화의 물결 속 스코틀랜드

1700년대 중반, 스미스가 살던 스코틀랜드는 계몽주의의 중심지 중 하나였어요. 이 시기 스코틀랜드는 영국과 통합된 후 정치적 혼란을 겪고 있었지만, 한편으로는 철학, 과학, 경제에 대한 새로운 생각들이 활발하게 논의되던 시기이기도 했죠.

이런 변화의 바람 속에서 스미스는 "사람들은 왜 서로 돕고, 때로는 경쟁할까?", "도덕이란 어디서 오는 것일까?"라는 질문을 던졌어요.

『도덕감정론』 - 공감에서 시작된 철학

스미스가 1759년에 처음으로 쓴 책은 『도덕감정론(The Theory of Moral Sentiments)』이에요. 이 책에서 그는 사람은 남의 감정을 상상하고 함께 느끼는 능력, 즉 '공감(sympathy)'을 가지고 있다고 설명했어요.

누군가 울고 있으면 마음이 아프고, 친구가 기쁘면 나도 기분이 좋아지죠? 스미스는 이런 감정이야말로 우리가 도덕적인 선택을 하게 만드는 출발점이라고 봤어요.

그는 또 '공정한 제3자(Impartial Spectator)'라는 개념을 만들었어요. '내가 이렇게 행동하면 다른 사람은 어떻게 생각할까?' 하고 자신을 돌아보는 상상의 시선을 말해요. 그 시선 덕분에 우리는 단지 나의 이익뿐 아니라 타인의 감정을 고려하고 배려하게 되는 거예요.

『국부론』 - 경제도 도덕 위에서

1776년, 스미스는 두 번째이자 가장 유명한 책 『국부론(The Wealth of Nations)』을 발표해요. 이 책에서 그는 시장에서 사람들이 각자의 이익을 위해 행동해도, 결과적으로는 모두에게 도움이 되는 방향으로 사회가 굴러간다고 설명했어요. 그 과정에서 등장한 것이 바로 "보이지 않는 손"이라는 개념이에요.

하지만 이 표현은 『국부론』에서 단 한 번 등장하며, 오늘날처럼 자유 시장의 핵심 개념으로 강조된 것은 후대 경제학자들에 의해서예요. 이 말은 단순히 '이기적으로 행동해도 괜찮다'는 뜻이 아니에요.

스미스는 시장이 신뢰, 도덕, 그리고 사회적 규범 위에서 작동한다고 봤으며, 이는 그의 이전 저서 『도덕감정론』에서 강조한 공감과 연결되기도 해요.

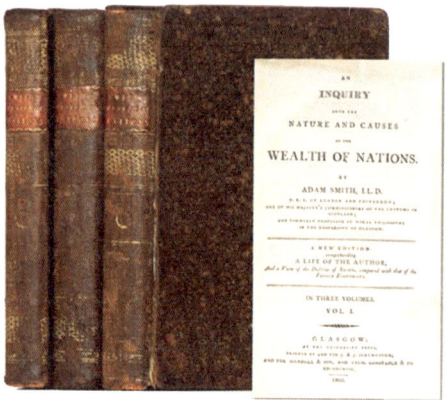

1776년 국부론 초판 판본

스미스가 정말 말하고 싶었던 것

사람들이 흔히 생각하는 스미스는 "돈이 최고!", "시장이 알아서 다 해 줘!"라고 말한 사람으로 오해할 수 있어요. 하지만 그의 생각은 달랐어요. 그는 도덕이 공감에서 비롯되며, 시장의 질서는 법, 책임, 그리고 타인에 대한 배려 없이는 유지될 수 없다고 보았어요.

그의 경제학은 차가운 경쟁의 이론이 아니라, 따뜻한 인간 이해에서 출발한 도덕 철학이었던 거예요.

처음 시작하는 IB 수업

우리의 생각과 마음을 표현해요
(How We Express Ourselves)

1판 1쇄 발행
2025년 10월 30일

지은이 김선 | **발행처** 도서출판 혜화동
발행인 이상호 | **편집** 이희정
주소 경기도 고양시 일산동구 위시티3로 111
등록 2017년 8월 16일 (제2017-000158호)
전화 070-8728-7484 | **팩스** 031-624-5386
전자우편 hyehwadong79@naver.com

ISBN 979-11-90049-55-9 (74370)
ISBN 979-11-90049-52-8 (세트)

* 책값은 뒤표지에 있습니다.
* 잘못된 책은 바꾸어 드립니다.